人民币汇率失调的
测算及汇率传递效应研究

.... 唐亚晖　著

人民出版社

本书由吉林财经大学资助出版

自 序

　　"汇率"是我个人学习及学术生涯中的"关键词"。对这个关键词，我的研究兴趣始于 20 世纪 90 年代初。为此，我要感谢我的"国际金融学"启蒙老师，当时对这门课程的学习及其激发的兴趣奠定了我写作这本书的研究基础。在本科论文写作中，我选择了"人民币汇率制度"这个研究主题，是第一次稚嫩的尝试。读硕士期间我延续了对汇率问题的关注，并以《欧元稳定性》为题，完成了硕士学位论文的写作。在我博士学位论文选题的过程中，也曾尝试其他问题的研究，然而最终还是回到了自己有信心驾驭的"汇率"这个主题上来。

　　本书选题期间，中国经济已经历了亚洲金融危机的洗礼，并且正面临着美国次贷危机、欧洲主权债务危机的冲击与考验。在此期间，人民币汇率问题始终是国内外政界、学术界关注的焦点。在亚洲金融危机中坚挺稳定的人民币国际地位迅速崛起，国际社会各方要求其升值的呼声甚高。与此同时，衡量人民币国内购买力的物价指数却持续攀升，与人民币对外升值形成强烈反差。多年来的教学与研究，让我再次将自己的研究视角聚焦到"汇率"。写作本书的主要意图是试图回答两个疑问：一是，人民币应该升值吗？换句话说，人民币是否如国际舆论所描述的那样，被严重低估？二是，人民币内外价值因何背离？人民币汇率与物价的传递效应如何？

　　对第一个问题的回答是基于对人民币汇率是否均衡（汇率失调）的研究。研究结果表明人民币汇率不存在如国际舆论所指的严重低估，升值与否由市场（当然是有干预的市场）决定，无需人为调整。对第

1

二个问题的回答是基于对汇率失调与国内物价水平之间关系的实证研究基础之上。研究结果表明人民币汇率失调与物价水平变动之间具有高度的相关性，人民币汇率高估与通货紧缩时期相对应，汇率低估则与通货膨胀相对应，汇率失调是物价水平变动的格兰杰原因。沿着汇率失调与物价水平关系的脉络，本书进一步运用 VAR 模型研究了汇率变动对物价水平的传递效应，并尝试运用门限误差修正模型探讨汇率对物价水平的非线性传递效应。

本书共分七章，每章的内容如下：

第一章从国际社会施压人民币升值及人民币内外价值悖论出发交代了研究背景，在对现象的深入探讨与研究的基础上提出了从汇率失调这个新视角研究人民币汇率传递效应的研究目标。

第二章评述了购买力平价理论、基本要素均衡汇率理论、行为均衡汇率理论等均衡汇率与汇率失调的理论和测算方法，经过对比分析选择以 BEER 方法测算人民币均衡汇率。

第三章根据 BEER 模型的需要选择劳动生产率等六个基本经济变量作为解释变量，构建了人民币行为均衡汇率理论方程，运用协整分析方法分别以 1980 ~ 2009 年的年度数据及 1994 ~ 2009 年的季度数据对人民币行为均衡汇率协整方程进行了估计，并据此计算人民币均衡汇率及汇率失调程度。

第四章回顾了人民币汇率制度改革进程以及我国物价水平变动情况。

第五章将汇率传递理论与研究方法作为研究我国汇率传递问题的基础，并结合汇率的变动分析了汇率传递的机制。

第六章实证分析人民币实际汇率及汇率失调对我国国内物价水平的影响。首先，根据测算结果与我国物价水平变动的情况做对比分析，得到人民币汇率失调与我国物价水平变动之间的对应关系；其次，通过格兰杰因果检验验证汇率失调与物价水平的因果关系，结果表明汇率失调是物价水平变动的格兰杰原因，相反，物价水平变动不是汇率失调的格兰杰原因。第三，运用 VAR 模型实证分析人民币实际有效汇率对物价水平的传递效应。最后，运用门限协整方法研究人民币实际有效汇率与物价水平的非线性关系。

第七章针对人民币汇率失调与国内物价水平关系的研究结果，提出相应的政策建议。

本书的创新之处：

第一，文献研究发现，国内对人民币汇率与国内物价水平问题的研究主要是从名义汇率变动对物价的传递效应入手，研究汇率上升与下降对价格的长期与短期影响。本文对于这一问题则从汇率均衡与否的新视角，探求汇率失调与物价水平变动之间的内在联系。实证研究结果表明，人民币汇率低估（高估）是物价水平上涨（下降）的格兰杰原因。这就很好地解释了我国出现的人民币汇率与国内物价走势上的几次背离。

第二，本书从均衡汇率理论研究中发现均衡汇率是对实际汇率而言的，并且是一国货币对外价值的综合评价。因此，以实际有效汇率为测算对象更符合均衡汇率的内在含义。本文对人民币均衡汇率的测算就是基于人民币实际有效汇率的，这有别于国内已有的研究成果（国内的研究主要是基于人民币兑美元的双边汇率和人民币名义有效汇率的测算）。

第三，本书尝试使用 VAR 模型进行人民币实际有效汇率传递效应的研究，在脉冲响应函数的基础上给出了对汇率累积传递系数的估计值。本文估计结果表明，人民币实际有效汇率对国内价格的传递是负向的并且是沿着价格链递减的，对进口价格的传递程度最高，对工业品出厂价格的传递程度次之，对消费价格的传递程度最低。这些估计结果与采用同样方法的多数国外文献中的结论是一致的。

第四，本书采用非线性方法研究了人民币汇率变动与国内物价水平的关系，给出了人民币汇率变动与国内物价水平关系的门限误差修正模型。模型的实证结果表明，人民币实际有效汇率与我国消费价格指数之间存在着非线性长期均衡关系。在汇率传递效应问题上采用非线性方法的研究成果还很少见，而国内对人民币汇率传递效应的研究中还未见此方法的应用。

　　本书所做的研究限于本人的知识背景及研究能力，有不当之处敬请广大读者批评指正。

唐亚晖

2015 年 5 月

目　录

第一章　人民币汇率均衡与汇率
传递效应研究的新视角

第一节　国际社会施压人民币升值

一、中国经济崛起与人民币汇率制度改革

(一) 中国经济的崛起

伴随着中国改革开放进程的不断推进以及中国经济持续快速的增长，中国在世界经济体系中的地位显著提高。尤其是从 2000 年到 2010 年，对美国来说是失落的十年，对中国来说却是崛起的十年。中国在这期间经济发展的成就与美国形成鲜明对比。从国内生产总值方面来看，2000 年，中国国内生产总值为 1.08 万亿美元，世界排名第六，相当于美国的 1/9；2006 年晋升到第四位，到 2008 年更是超过德国成为经济总量第三大经济体；2009 年，中国国内生产总值达 5.3 万亿美元，相当于美国的 38%；2010 年，中国国内生产总值超过日本，成为全球第二大经济体。从外汇储备方面来看，2000 年中国外汇储备 1656 亿美元，2006 年外汇储备首次超过日本成为第一大储备国，2009 年接近 2.3 万亿美元，是十年前的近 14 倍。从持有美国国债方面来看，2000 年中国持有美国国债 600 亿美元，2009 年中国持有美国国债 8000 亿美元，是十年前 13 倍多。

鉴于中国经济地位的迅速提升，中国的宏观经济均衡对整个世界经济均衡的实现也发生着深远的影响。近年来，西方各国在追求内外均衡并同时实现宏观经济调控目标的过程中，越来越意识到中国元素的存在，中国已经成为影响世界经济均衡不可小觑的力量。为此，西方各国也将履行经济调整义务的矛头指向中国。其中，以实现外部均衡、平衡国际收支为借口强制要求中国实施人民币汇率升值是近年来的一个持续议题。

（二）人民币汇率制度改革

1994 年是人民币汇率制度的分水岭。此前中国实行的是官定汇率与外汇调剂汇率并存的双重汇率制度，官定汇率一直处于较高水平，比如，并轨前人民币对美元比价是 5.72:1。1994 年实施外汇管理体制的重大变革，其中人民币汇率并轨以及单一的、有管理的浮动汇率制的实行是本次改革的核心举措。本次汇率制度改革采取了官定汇率向外汇市场调剂汇率并轨的做法，汇率从 5.72:1 一次性调整到 8.70:1。从 1994 年并轨制度的实施到 2003 年 7 月份，人民币对美元汇率始终在 8.70～8.27 元人民币兑 1 美元的范围内窄幅波动。同期，中国的 GDP 从不足 5000 亿美元增加到 1.64 万亿美元；外贸总额从 2366 亿美元增加到 8510 亿美元；外贸顺差十年间累计为 2544 亿美元；外汇储备从 212 亿美元增加到 4033 亿美元。国外舆论认为，中国的贸易顺差是政府采取压低人民币汇率的手段获得的。

二、第一轮升值压力与第二次汇率制度改革

（一）日美欧相继施压人民币升值

2003 年以来，来自美、日、欧等国家和地区的利益集团要求人民币升值的呼声甚嚣尘上，人民币汇率的调整变动面临着巨大的国际舆论压力。

事实上，外界要求人民币升值问题由来已久，而始作俑者则是日本。早在 2002 年 12 月 4 日，日本副财长黑田东彦与其副手河合正弘就在英国《金融时报》发表文章，指出：“人民币汇率可能被低估了 30%～40%。”

此后，日本的官员在 G7 会议等不同场合多次提出人民币升值论。

此后美国取代日本成为人民币升值外部压力的主要来源。2003 年 5 月，全美制造商协会下辖的"健全美元联盟"依据其发布的《亚洲货币操监控报告》声称，美国制造业正在衰退，自 2001 年 3 月以来已流失了 220 万个工作机会而被低估 40% 的人民币正是"罪魁祸首"之一（何兴强，2006）。2003 年 6 月和 7 月，美国财长斯诺和美联储主席格林斯潘先后发表公开谈话，希望中国选择"更具弹性"的汇率制度，认为钉住汇率制度会最终损害到中国经济（覃东海、何帆，2003）。2004 年，美民主党参议员舒默与共和党参议员格雷厄姆共同提出议案：若中国政府在美方提出要求后的 180 天内未对人民币采取实质性升值，则将对中国对美出口的全部商品加征 5% 的临时附加税，以抵消人民币低估对美国商品的"损害"（高乐咏、王孝松，2008）。2005 年，美国众议院通过一项法案——《舒默修正案》，要求人民币立即升值 24.5%，否则就会对中国产品征收反补贴关税。

来自欧盟的压力。2003 年 9 月 20 日，在西方七国财长及央行行长会议上人民币汇率问题首次成为关注的焦点，会后声明宣称："对主要国家和经济地区来说，实现更加灵活的汇率政策是最理想的"。2003 年 10 月，欧盟 15 国率先上调中国在"普惠制"下享有的出口商品优惠关税，即由原来的 3.5% 上调到 5%，并表示将于 2014 年上半年正式取消给予中国的普惠制待遇。

（二）人民币汇率制度二次改革

2005 年 7 月 21 日，中国人民银行宣布人民币升值 2 个百分点，8.11 元人民币兑换 1 美元，此后每天的浮动一般不超过 3‰，实施"主动性、渐进性、可控性"的政策，具体操作采取"窄幅波动、小幅攀升、摸着石头过河"的办法。根据中国国家信息中心模型测算，人民币升值 2% 将一次性让 GDP 增速下降 0.2 个百分点，就业减少 50 万人。

从 2005 年 7 月 21 日汇率改革到 2007 年 4 月 30 日，人民币从 8.27

元兑 1 美元升值到 7.70 元兑 1 美元，总共升值 6.89 个百分点。人民币升值必然会影响中国的外贸出口。2004 年中国出口增幅为 35.4%，2005 年下降为 28.4%，2006 年上半年降为 25.2%。原本，2006 年出口增幅会下降到 23% 左右，但由于国家较大幅度下调出口退税幅度，促使企业加速出口甚至抢关出口，以赶在 12 月 14 日之前享受调整前的出口退税优惠，这就造成了 8—11 月中国出口不降反升的现象，实际上是"寅吃卯粮"。2006 年中国出口增幅为 27.2%，给人们造成人民币升值不影响出口的错觉，也给了美国继续加大人民币升值压力的借口。从此，人民币进入升值通道，到 2008 年 9 月，人民币兑美元汇率升值到 6.83，累计升值幅度为 17%。

三、第二轮升值压力

2008 年以来，由于美国次贷危机扰乱了全球金融市场秩序、打破了世界经济稳定发展的步伐，各国普遍实施极度扩张的刺激需求政策来应对危机。与此同时，贸易保护主义再次抬头，"反补贴、反倾销"的大棒频频挥舞，期间直接针对人民币升值的呼声渐渐停息，人民币汇率也停下了升值的步伐，保持基本稳定。这一期间对于人民币汇率的安排外界认为是盯住美元，按照央行行长周小川的说法："不排除在一些特殊阶段采取特殊政策，包括特别的汇率形成机制"。

从 2009 年下半年开始，随着各国经济逐渐摆脱了金融危机的威胁，以美国为首的西方国家再次纠缠人民币汇率问题，抛出各种关于人民币汇率偏低的论调。概括起来，有如下几种说法：一是人民币汇率偏低导致全球经济失衡，进而诱发国际金融危机；二是人民币汇率偏低导致发达国家出口产品面临不公平竞争，最终造成这些国家就业岗位流失；三是人民币汇率偏低抢占了发展中国家的出口市场，损害了发展中国家的利益。

此次国际社会要求人民币升值的大背景就是美元贬值。在这种呼声中，欧洲扮演了主要角色。美元贬值后，事实上与美元挂钩的人民币也贬值。在美元与人民币的双重压力下，欧元、日元被动升值，这导致其货币竞争力下降，出口受影响。由于欧洲很难要求美元升值，于是将这种压力转移到与美元挂钩的人民币上。一旦人民币升值，对欧洲国家的直接好处就是欧元的竞争力上升，产品出口就会增加。这正是欧洲要求人民币升值的直接动机。

2009 年 11 月 13 日，国际货币基金组织总裁多米尼克·施特劳斯在 APEC 非正式领导人会议上表示："人民币升值会增加中国的家庭收入，有益于中国经济的复苏。"他还在中国国家主席胡锦涛出席的 APEC 峰会上演讲称："全球经济要'再平衡'的话，汇率改革是核心。汇率应反映出中期的基础实力。"美国总统奥巴马在访华前曾表示，希望人民币升值。此前，欧洲央行总裁特里谢也指出："为全球'均衡恢复'，人民币有必要升值。"日本副财务大臣野田佳彦也表示，人民币汇率应更加灵活。2009 年 12 月 31 日《纽约时报》发表了诺贝尔经济学奖得主保罗·克鲁格曼的文章《中国的新年》，文章直指中国的汇率政策，认为中国一直以来采用重商主义人为地压低汇率以维持贸易顺差，这是对世界其他国家的经济掠夺。主张这些受害国家应该和中国"打一场贸易战"。2010 年 3 月 15 日，美国 130 名议员联名致信财长盖特纳和商务部长骆家辉，认为中国操纵汇率行为对美国经济产生的影响已严重到无以复加的程度，敦促美国政府高层立即采取措施对中国的货币操纵行为进行回击，请求财政部将中国列为汇率操纵国，将其包含在财政部一年两次的汇率操纵报告中。至此，美国成功地营造了迫使人民币升值的外部舆论氛围。

国际社会频繁施压要求人民币升值，从而将一个疑问摆在我们面前：人民币应该升值吗？换句话说，人民币汇率是否如国际舆论所描述的存在着严重的低估现象？

第二节　人民币内外价值悖论

一、人民币内外价值悖论

就在人民币汇率不断经受着外部舆论压力的同一时期，中国国内物价水平也经历着较大的波动。国内物价持续攀升，CPI上涨率从2003年的1.2%持续上涨至2007年的4.8%，到2008年2月CPI上涨率达到8.7%。稳定物价成为这一阶段宏观调控的重要任务。为了抑制物价过快上涨，货币当局多次提高法定存款准备金率和存贷款基准利率，准备金率在2008年9月达到最高值17.5%。紧缩的货币政策加之次贷危机的影响逐渐显现，中国从资本市场到实体经济部门暴露出熊市迹象，CPI上涨率逐渐回落，到2009年2月该上涨率转为−1.6%。尽管中国政府为应对危机的冲击在政策上实行了180度的转弯，在实施大规模经济刺激计划的同时，还向市场注入大量货币，但这个负的CPI上涨率仍然一直持续到2009年10月。

可以看出，在上述2003—2009年的时段中，人民币对外升值与国内物价持续攀升的现象并存，而在2009年汇率相对稳定的条件下，国内物价水平呈现持续下降走势。根据国际经济学最具影响力的购买力平价理论可知汇率与物价水平之间的关系一般表现为：物价水平相对高的货币汇率应下浮而物价水平相对低的货币汇率应上浮，即通货膨胀与本币对外贬值相对应而通货紧缩与本币对外升值相对应。而我国国内物价上涨却伴之以人民币对外升值，物价下跌时人民币并不对外贬值，这显然是与国际经济学理论相悖的。理论界将人民币这种与购买力平价理论相悖的对外升值对内贬值的现象称为人民币内外价值悖论。

二、人民币内外价值悖论的研究综述

国内学者针对人民币内外价值悖论进行了多角度研究，这些研究成果主要对悖论产生的原因、可能的经济影响以及应对策略等问题进行了较为深入的剖析。

（一）人民币内外价值悖论产生的原因

裴平、吴金鹏（2006）最早对人民币对外升值对内贬值的原因进行深入剖析，指出长期以来我国涉外经济政策的严重不对称性以及不适宜的汇率政策是人民币内外价值偏离的深层原因。曹红辉、刘华钊（2007）指出，人民币对外升值和对内贬值产生于中国出口导向型的发展战略、相应的外汇管理体制等共同的经济体制因素。于志慧（2008）从国际和国内两个角度分析通货膨胀与人民币升值并存的原因：国际方面，全球国际收支失衡为美国等国家向我国施加政治压力提供了借口，而全球流动性过剩则成为我国输入型通胀的源头；国内方面，储蓄率过高，外贸顺差过大，外汇储备、货币投放过多等是导致人民币对外升值和对内通胀的内在原因，同时现行政策的严重倾向性和货币政策的低透明度也是人民币价值悖论形成的重要原因。贺根庆、王国瑞（2008）则认为人民币对外升值和对内贬值之间不是直接的因果关系；人民币对外升值是一个长期的趋势，这个过程中的某段时间人民币对内的升值或贬值，是由当时的国内外因素形成的社会总需求和总供给以及货币供给量等关键因素决定，可升值也可贬值；人民币对外升值和对内贬值就是我国经济发展过程中因为内部和外部失衡所导致的一个阶段性表现。尹应凯（2008）提出决定通胀与升值关系的"双效应—三阶段曲线"假说来解释"人民币价值之谜"，他认为现实中通胀与升值之间的关系是"替代效应"和"互补效应"两种力量综合作用的结果，其中"人民币价值之谜"是"互补效应"大于"替代效应"的结果，而这又是由中国与世界经济发展失衡和人民币升值的单边预期等几种力量共同推动形成的。其中，国外经济失衡是推动人民币升值的深层原因，人民币单边升值预期连接了国内外经济失衡，并强化了"人民币值之谜"。梁东黎（2009）使用一般均衡模型对物价与汇率的决定进行分析后，总结出了四种导致货币"内贬外升"现象的情况：一是需求冲击下，有效需求增加导致本币贬值，同时物价提高通过使利率提高导致本币升值，需求冲击对物价的影响大于对汇率的影响；二是货币扩张导致有效需求增加，且有效需求增加导致本币升值影响处于主导地位，同时货币供给增加对物价的影响大于对汇率的影响；三是财政扩张导致有效需求增加，有效需求增加导致本币升值的影响处于主导地位；四是需求冲击和供给冲击同时出现，且有效需求增加导致本币贬值的影响处于主导地位，同时需求冲击对物价的影响大于供给冲击对物价的影响。他进一步指出，我国利率存在着尚未实现完全市场化、实行有管理的浮动汇率制、依然有预算软约束的情况。除第三种情况外，其他情况均比较接近我国现实，从而对人民币"内贬外升"的原因作出了解释。关于人民币对外升值和对内贬值间的联动关系，杨进（2008）认为通货膨胀是在现行汇率制度下我国经济外部失衡所引发的内部失衡；人民币内外价值偏离虽然具有自我抑制的负反馈机制，但这种机制并没有很好地发挥作用。司小娟、吕佩娟（2008）认为通货膨胀从某种程度上讲，是人民币升值压力（预期）的产物，而人民币升值对通货膨胀有一定的抑制作用。龚谊、陈凯笛（2009）则认为国内经济发展的失衡以及所引起的对外失衡是人民币外升内贬的根本原因。向松祚（2010）则从国内外货币政策、美元的国际货币性质、美国的政治压力等方面入手，指出人民币国内通胀与对外升值并存的原因在于：一是其他国家尤其是美国也在采取宽松的甚至比中国更宽松的货币政策；二是美元作为国际流通货币大部分流向国际资本市场和货币市场，因此并没有引起美国国内的通胀，而由于海外投资渠道不畅，中国宽松的货币政策所释放的人民币主要在国内循环；三是人民币名义汇率单边升值是美国政治压力所致，国际投机热钱的炒作又增强了人民币升值预期，结果名义汇率的单边升值反而剥夺了真实汇率正常升值的机制。田潇（2010）认为我国的外汇管制导致基础货币被动放大，而对汇率管制的放松又使汇率波动和波动预期提高，两者共同导致了人民币对内贬值、对外升值的货币现象。

（二）人民币内外价值悖论的影响

裴平、吴金鹏（2006）对人民币内外价值偏离的主要危害进行了较为全面的分析：一是人民币内外价值偏离掩盖或混淆了国内外商品、劳务和资产的真实比价关系，导致交易心理失衡，从而会阻碍国内外市场的有机衔接；二是人民币内外价值偏离的双向压力大小不易测定，使货币政策的目标与力度难以确定，削弱了货币政策的有效性；三是内外价值偏离使人民币汇率不能真实反映我国外汇市场的供求关系，并使人民币汇率变化具有潜在的不确定性，容易诱发国际游资的冲击，尤其是在世界主要发达国家实行低利率、一些国家发生危机（如欧洲主权债务危机）、人民币在国际政治压力下存在强烈的升值预期的情况下，中国将成为国际游资冲击的首选目标；四是人民币内外价值偏离使出口企业在成本和收入上受到双向挤压，导致企业盈利空间缩小，经济效益下降。曹红辉、刘华钊（2007）侧重分析人民币内外价值偏离对我国货币政策产生的削弱效应，指出人民币升值压力与通货膨胀并存以及资产价格急剧上升的混合局面使我国货币当局实施货币政策面临重大困境，削弱了货币政策的独立性。

（三）人民币内外价值悖论的应对策略

对于人民币内外价值悖论的应对策略分析上，学者主要根据解决内外均衡冲突的原理，以政策的协调（如货币政策和汇率政策的协调或货币政策与财政政策的协调）作为切入点，破解人民币内外价值悖论。裴平、吴金鹏（2006）认为，近期可通过扩大商品和服务进口，变外汇资产储备为战略资源储备，有选择地利用外资等方式，有意识地缩小人民币内外价值偏离的压力；中长期要着眼于从根本上解决人民币内外价值偏离的问题，实施兼顾内外均衡的经济发展战略、完善经济政策体系，深化人民币汇率制度改革，加快人民币自由兑换和国际化的步伐，促使国内外市场有机衔接。尹应凯（2008）也强调策略的渐进性，指出应对"人民币价值之谜"的策略是逐步消除国内经济失衡、积极应对世界经济失衡、使人民币单边升值预期转变为真正的双向浮动，在这个过程中互补效应将逐渐减小，最终实现"通胀—升值"由第二阶段向第三阶段的转换，即转向替代效应大于互补效应，综合表现为人民币升值与通胀的此消彼长。吴晓芹（2009）指出要实现人民币对外价值的统一，必须进行相应的宏观经济政策调整，并用斯旺模型对当前我国内外均衡目标的实现问题进行了具体分析。田潇（2010）认为，解决人民币内外价值背离的根本还在于完善汇率形成的市场机制。向松祚（2010）指出，稳定名义汇率是消除人民币"对内贬值、对外升值"最重要的手段，同时需要继续强化对热钱流入的监管，适当放宽我国企业和居民海外投资的限制，鼓励其到海外投资。

第三节　汇率失调视角下的汇率传递效应研究

一国宏观经济政策的根本目标是实现经济的内外均衡，即物价稳定、经济增长、充分就业和国际收支平衡。作为经济政策的主要制定和执行者——一国的中央银行同时掌控着货币政策及汇率政策，并通过政策之间的配合实施与调整来调控宏观经济。因此，货币政策与汇率政策调控目标及方向的一致性非常重要，一旦二者出现背离，就导致货币政策与汇率政策相左，从而降低政策效率。因此，从政策制定及调控效率考虑，研究与政策直接相关的基本经济变量——汇率与物价的关系至关重要。而面对人民币汇率与国内物价水平的多次背离，我们不得不深入思考和探究：是什么原因导致汇率与物价这一对反映货币价值的孪生变量背道而驰？这种背离对货币当局的政策制定与实施产生了怎样的冲击？

为了解开疑惑，探讨人民币汇率与国内物价之间的长期关系显得非常必要。然而当我们试图沿着人民币汇率制度改革的历史脉络去探寻二者的关系时，却发现当前人民币汇率与国内物价之间的背离关系只是表象，人民币汇率失调与物价水平变动之间的内在联系才是导致二者出现背离的深层次原因。这种联系体现为汇率低估与通货膨胀并存，汇率高估与通货紧缩并存。基于这种变量间可能存在的某种关联，单纯研究名义汇率变动与物价变动之间的关系，不足以揭示问题的实质。因此，有必要以人民币实际汇率及汇率失调与物价水平变动之间的关系为研究对象，这样更有助于揭示当前汇率与物价走势背离的深层次原因，并能够针对问题提出更有效的政策建议。

理论界关于汇率与物价水平关系的研究是沿着两条脉络进行的：一是有关物价水平对汇率的决定作用的研究，这方面研究历史悠久、成果颇丰，代表性成果是购买力平价理论（1922）；二是研究汇率变动对物价水平的影响，一部分研究成果是基于对购买力平价的质疑，另一部分研究成果是对汇率变动经济效应研究的扩展与延续，两个方面在 20 世纪 80 年代中期融合在一起形成了汇率的传递效应理论。汇率的传递效应理论研究的是汇率的贬值与升值对一国进口价格、消费物价及生产者价格的影响机制和影响程度，而对于汇率调整的根源并不关注。关于汇率调整的根源问题均衡汇率与汇率失调理论给予了解答。有关均衡汇率与汇率失调问题的研究文献，主要是对均衡汇率水平与汇率失调程度进行了测算，也有为数不多的文献进一步研究了汇率失调的经济效应，分析了汇率失调对贸易、资本流动、经济增长的影响，而从汇率失调的视角去研究汇率调整对物价水平的影响的研究文献更是凤毛麟角。

一、关于汇率失调测算方法及经济效应的研究综述

（一）均衡汇率的理论及测算方法

汇率失调是与均衡汇率密切相关的概念，现有文献的研究从未将两者割裂开来，有关均衡汇率的理论及测算方法同时也是汇率失调的理论与测算方法。对均衡汇率与汇率失调的研究最早可以追溯到 20 世纪初

期，相关理论与测算方法经历了不断演进与发展的过程。

（1）购买力平价分析方法（PPP）：购买力平价模型及以巴拉萨—萨缪尔森效应修正的购买力平价模型。Cassel（1922）提出购买力平价说。长期以来，对均衡汇率的测算大多都遵循 PPP 理论。这种方法包括对基期的选择问题，并假定基期的实际汇率始终是均衡汇率。这种假定明显不符合均衡汇率的实际状况，因为均衡汇率并不是一个静态指标。

（2）宏观经济均衡分析方法（MB）：宏观经济均衡分析方法重视内外部均衡同时实现的要求。这种方法的起源可以追溯到 Nurkse（1945）、Metzler（1951）、还有 Meade（1951）和 Swan（1963）对 MB 方法做出的突出贡献，斯旺在开放的宏观经济背景下提出了内外均衡图解。MB 分析方法包括三个步骤：估计经常账户与一系列基本经济变量之间的均衡关系；用中长期基本经济变量和上一步获得的参数推导该国"经常账户标准"；利用经常账户对实际汇率的弹性计算弥补经常账户与标准之间缺口的必要的实际汇率调整程度。

（3）基本要素均衡汇率分析方法：Williamson（1994）提出了基于基本要素均衡汇率概念的测算方法。在此方法中，均衡汇率被定义为与宏观经济均衡相一致的实际有效汇率，宏观经济均衡则是指经济处于充分就业和低通胀的内部均衡与国际收支经常账户可维持性的外部均衡的同时实现。在汇率的定义中之所以标示"基本要素"字样，在于强调均衡汇率的决定变量是中长期的。实际上这些"基本要素"在将来未必会成为现实，甚至永远也不会实现。因此，威廉姆森也将基本要素均衡汇率描述成是与理想经济条件相一致的均衡汇率。

（4）发展中国家均衡汇率分析方法（ERER）：Edwards（1989）提出了均衡实际汇率理论。他定义均衡汇率为给定相关变量（如税收、国际价格和技术）的可维持水平，并使得内部均衡与外部均衡同时实现的贸易品与非贸易品的相对价格。该理论认为，长期均衡实际汇率是由贸易条件、政府部门消费的非贸易品占 GDP 的比率、贸易限制和交易管制、技术进步、资本流动以及其他基本经济变量（如投资占 GDP 的比率）共同决定的，并据此建立长期均衡实际汇率计量模型。

（5）自然均衡汇率分析方法（NRER）：自然均衡汇率分析方法是 Stein（1994，1995）与 Faruqee（1995）提出的。NRER 将均衡汇率定义为：在不考虑周期性、投机性资本流动和国际储备流动的情况下，由基本经济因素决定的能够使国际收支实现均衡的中期实际汇率，其基本经济因素包括国内的节俭程度、劳动生产率、资本密集度以及净国外负债等。利用分析的核心仍然是国民收入恒等式。

（6）行为均衡汇率分析方法（BEER）：MacDonald（1997）、Clark 和 MacDonald（1998）发展了一种用一个估计的简约方程来解释实际有效汇率在样本期间的行为的均衡汇率分析方法——行为均衡汇率分析方法。BEER 将均衡汇率定义为对实际有效汇率与其相关的基本经济变量，通过计量经济学方法建立起行为关系模型而得到估计值。

（7）外部可持续性方法（ES）：外部可持续性方法是基于这样的想法：经常账户顺差必须足以支付对外债务，实现这一目标的最有效方法是稳定该国净国外资产相对于经济规模的比率。该方法包括下列步骤：计算能使 NFA 稳定在标准状况的经常账户收支的规模；比较该经常账户收支规模与预期的在无政策调整前提下的中长期经常账户收支水平；应用经常账户收支对 REER 的弹性计算 REER 必要的调整程度。

（二）汇率失调的经济效应

国外学者对汇率失调的经济效应研究得比较早，Edwards（1988）以 12 个发展中国家为研究对象，研究发现实际汇率失调对经济增长有显著的负面影响。Cottani、Cavallo 和 Khan（1990）以 24 个发展中国家为研究对象，研究发现实际汇率失调对经济增长、出口、农业部门的增长均有显著的负面影响。Ghura 和 Grennes（1993）以非洲撒哈拉沙漠以南的 33 个国家为研究对象，结果发现实际汇率失调对经济增长、出口、进口、储蓄、投资均有负面影响。Razin 和 Collins（1997）以 93 个发达和发展中国家为研究对象，研究发现币值高估确实对经济增长有负的和统计上的明显影响。这个影响也具有经济意义——有效估计指出，一个国家实际汇率每高估 10%，人均资本产出比率就会下降 0.6%，但是这个估计并没有发现实际汇率低估和增长之间有明显的关系。Domac 和 Shabsigh（1999）以埃及、约旦、摩洛哥和突尼斯为研究对象，构建基于购买力平价、黑市汇率、结构模型的实际汇率失调，结果发现实际汇率失调对经济增长有显著的负面影响。Aguirre 和 Calderon（2005）对 60 个国家 1965～2003 年的实际汇率失调进行研究，发现实际汇率失调阻碍了经济增长。

二、关于人民币汇率失调及其经济效应的研究综述

（一）国外对人民币均衡汇率与汇率失调的研究

国外对人民币均衡汇率与汇率失调的研究成果主要集中在 2004 年以后，一些研究成果成为压迫人民币升值的外部舆论的依据。Goldstein（2004）采用 MB 分析框架对人民币实际汇率进行估计，实证结果是人民币实际汇率低估 15%～30%。Frankel（2004）结合当时中国实际经济状况运用 MB 分析框架和扩展的 PPP 方法综合分析认为人民币实际汇率低估 36%，提出在中国内部经济过热的条件下，放弃盯住汇率制实施一定程度的汇率升值有利于缓解通货膨胀压力。Coudert 和 Couharde（2005）运用 MB 方法和扩展的 PPP 方法分别估计了人民币汇率，前一种方法的结论是人民币实际汇率低估 23%，后一种方法的结论是低估 18%。Coudert 和 Couharde（2007）运用 BEER 与 FEER 方法对 2000—2004 年的人民币实际汇率进行了估计。他们首先运用 BEER 方法对选取的四个不同的样本进行测算，在对包括 132 个国家的整体样本测算中，人民币实际汇率低估程度达到 63.5%；对仅包括新兴市场和发展中国家的样本 2 的测算中，人民币实际汇率低估程度达到 52.4%；在

剔除了贫困国家以及发生战争或严重社会问题从而导致价格畸高的国家的样本 1 和样本 3 中测算发现，人民币实际汇率低估程度分别达到 45.8% 和 43.9%。为了使测算结果更有说服力，Coudert 和 Couharde 又进一步采用 FEER 方法对有效汇率与人民币兑美元的双边汇率进行测算。在假定经常账户赤字占 GDP 1.5% 的条件下，测算发现 2002 年与 2003 年有效汇率分别被低估 27% 和 23%，人民币兑美元的双边汇率分别被低估 49% 和 44%。

（二）国内对人民币汇率失调及其经济效应的研究

国内对人民币均衡汇率的研究很多，大多数文献都测算出了人民币实际汇率的失调状况。张晓朴（2000）分别运用发展中国家均衡汇率模型和行为均衡汇率模型测算了 1980～1999 年人民币均衡汇率及其失调状况，结果显示在此期间人民币汇率出现两次明显高估和两次明显低估。在这个测算结果基础上，他着重对实际汇率高估的危害进行了理论分析，并认为汇率高估会对本国的出口、国内生产、就业、财政收入和外商直接投资等产生诸多不利影响。唐国兴和徐剑刚（2003）分别基于购买力平价和结构模型计算了人民币实际汇率失调，发现 1996～1999 年人民币币值高估，他们通过计量模型研究了人民币实际汇率失调的经济效应，结论认为：在 1% 显著性水平下，实际汇率失调对进口、出口、投资有显著的负面影响。秦宛顺等人（2004）采用行为均衡汇率分析方法，选择贸易条件、劳动生产率、贸易顺差三项指标与人民币实际有效汇率进行协整分析，结论显示 2002～2003 年人民币实际汇率低估程度为 4% 左右，这与国外学者的估计结果差异巨大。储幼阳（2004）采用发展中国家均衡汇率模型研究了 1980～2002 年人民币汇率失调问题，结果表明 1990～1994 年间人民币汇率明显低估，而 1996～2001 年间明显高估。施建淮、余海丰（2005）也采用行为均衡汇率方法，并以季度数据进行估计，显示 2002 年第二季度到 2004 年间人民币实际汇率低估程度在 10% 左右。王维国、黄万阳（2005）同样用发展中国家均衡汇率模型测算了人民币现实汇率的失调程度，并检验了汇率失调对中国对外贸易收支和经济增长的影响，结论认为人民币实际汇率失调的变化对贸易收支占 GDP 比重的变化有显著影响，这种影响存在 2 ~4 年的时滞；经济增长变动对人民币实际汇率失调变动的效应存在，这种效应存在 1 年或 3 年的时滞。吴丽华、王锋（2006）通过把实际汇率失调引入进出口方程做解释变量，并从 1984 ~2004 年的整个时段来研究人民币实际汇率失调对进出口的影响，发现实际汇率错位对出口和进口都产生了显著的负面效应。胡再勇（2008）对 1978 ~2006 年人民币实际汇率失调程度进行研究，他选择了贸易条件、开放度、劳动生产率、投资率、外资流入、政府支出及广义货币供应量等诸多变量构造行为均衡汇率模型，测算结果为：2003 ~2006 年期间人民币实际有效汇率存在较严重的低估，2005 年与 2006 年低估程度分别为 16.3% 与 15.3%。

三、关于汇率失调与物价水平关系的研究综述

目前，没有学者对汇率失调与物价水平的关系进行直接研究，但由于汇率失调本身意味着名义（或实际）汇率处于高估（或低估）状态，这种高估（或低估）状态对一国经济的影响与实施名义（或实际）汇率贬值（或升值）产生的经济效应基本相同。因此，可以将关于汇率变动与物价水平关系的理论作为汇率失调与物价水平关系研究的理论基础。

（一）汇率变动与物价水平关系的研究

购买力平价理论（1922）是研究物价水平对于汇率的决定作用的理论，该理论在汇率决定论中长期占据主导地位，它强调物价水平对汇率水平的决定作用及物价水平的相对变动对汇率变动的影响。国际收支的弹性理论等都是以购买力平价作为分析的起始条件，而关于汇率变动对物价的影响的研究是于 20 世纪 70 年代开始的。Branson（1972）在

研究汇率变动对贸易收支的影响过程中发现了汇率的不完全传递问题。Frankel（1981）则认为汇率与物价水平之间的关系是由货币供应量决定。而由于商品价格黏性的存在，当货币供给发生变化时，货币市场上的资产价格调整速度快于商品市场价格，于是出现了短期汇率变动大于商品价格变动的现象，即所谓的汇率超调。Krugman 和 Dornbutch 等人（1986）从不完全竞争及依市场定价等角度揭示了汇率不完全传递问题，认为汇率变化会影响两国产品的相对价格，通过进口价格和进口替代品等途径，汇率将影响一国的物价水平，但是汇率变动只是部分地传递到价格上。此后，该领域学者将汇率不完全传递问题的研究不断推进，并因此呈现出更加清晰的汇率变动对物价水平的影响脉络。尽管学者们对于到底是价格对汇率影响更大还是汇率对价格更大持有不同看法，但他们绝大多数赞同汇率和价格水平之间存在较为密切的相关关系。

（二）人民币汇率变动与国内物价水平关系的研究

关于人民币汇率变动与国内物价水平关系的研究包括两个方面，一是人民币贬值与国内物价水平的关系；二是人民币升值与国内物价水平的关系。

1. 关于人民币贬值与国内物价水平关系的影响研究

Yingfeng Xu（2000）研究了 1978～1997 年间人民币汇率与国内物价的关系，研究结果表明人民币汇率和国内物价在长期具有协同效应，国内物价上涨是导致 1994 年之前人民币汇率持续贬值的主要原因。LU. Mand Zhang（2003）采用 VAR 方法对人民币汇率变动对国内价格的影响进行了实证检验，结论是人民币贬值是国内物价上涨的原因。J. Scheibe 和 D. Vines（2005）在对中国通货膨胀的实证研究中得出，以贸易额为权重的名义有效汇率变动是导致通货膨胀的一个重要原因，名义有效汇率贬值一个百分点，将导致国内物价上升 0.3 个百分点。

2. 关于人民币升值与国内物价水平关系的影响的研究

Mckinnon（2003）和欧元之父 Robert A. Mundell（2003）都认为，人民币升值将必然导致通货紧缩，即物价下调。国内的林华升（2004）等许多学者也普遍认为，人民币汇率升值可以直接减少投机性外汇的流入，从而减少人民币占款，并进而减少货币供应量，抑制物价总水平。但也有学者持相反的看法。余永定（2004）也承认人民升值确实可能通过贸易顺差的减少或增长速度的下降，导致国内总需求的减少或增长速度的下降，对物价水平或物价上涨率产生向下的压力。但他认为，实证研究并不能提供人民币升值将导致物价和物价上涨率下降的确切证据。但最近的一些实证研究提供了人民币升值导致国内物价指数下降的证据。如陈浪南等（2008）对 2005 年汇改以来人民币汇率波动的价格传导效应进行实证研究，结果表明进口价格对汇率波动反应最敏感，PPI 反应比较及时但反应不足，CPI 反应存在时滞且最弱。人民币升值 1% 将引起进口价格指数下降 0.529%、PPI 下降 0.5066%、CPI 下降 0.481%。郭永俊（2009）对 1985～2005 年人民币汇率与 CPI 波动的实证分析表明汇率波动将引起 CPI 的反向波动且这种影响是显著的。

第二章 均衡汇率与汇率失调
的理论及测算方法

宏观经济政策的目标是实现一国经济的内外均衡，内部均衡体现在稳定的物价、充分的就业和持续的经济增长，外部均衡则是国际收支均衡。内外均衡同时实现是各国政策制定者追求的理想状态，而现实经济状况却是内部均衡目标与外部均衡难以同时实现，并且常常相互冲突。因此，如何使得内外均衡同时实现是经济学家力图解决的重大课题，相关的理论研究成果颇为丰富。以此为视角，从内外均衡同时实现这个条件出发，关于内外经济均衡相关变量的研究也不断延伸和发展。对汇率的研究，从内外均衡角度则引出了均衡汇率及汇率失调的概念。

第一节 相关概念的界定

一、汇率、名义汇率与实际汇率

汇率（Exchange Rate）是两种货币之间的兑换比率，即以一种货币表示的另一种货币的价格。

名义汇率（Norminal Exchange Rate）就是现实中的货币兑换比率，它可能由市场决定，也可能由官方制定。

实际汇率（Real Exchange Rate）有多种定义方法：

一种是外部实际汇率[①]，它是名义汇率用两国价格水平调整后的汇率，这种实际汇率的概念旨在解释通货膨胀对名义汇率的影响，反映本国商品与外国商品相对价格变动对本国国际竞争力的影响变化。

名义汇率 e_n 与实际汇率 e_r 之间的关系是：

$$e_r = e_n \frac{P_f}{P} \tag{2.1.1}$$

其中，P_f 和 P 分别代表外国和本国的有关价格指数，e_n 和 e_r 都是直接标价法下的汇率。

另一种是内部实际汇率[②]，它被定义为本国贸易品价格与非贸易品价格之比。这种定义的实际汇率用于衡量一国对于贸易品生产和消费相对于非贸易品的生产和消费的激励情况。

$$e_r = \frac{e_n P_{FT}}{P_N} \tag{2.1.2}$$

其中，P_{FT} 是贸易品的外币价格，P_N 是非贸易品的本币价格，e_n 和 e_r 都是直接标价法下的汇率。

二、有效汇率、名义有效汇率与实际有效汇率

有效汇率（Effective Exchange Rate）是一种加权平均汇率。IMF 定期公布 17 个工业发达国家的若干种有效汇率指数，包括贸易比重、劳动力成本、消费物价、批发物价等为权数的经加权平均得出的有效汇率指数。其中，以贸易比重为权数的有效汇率反映的是一国在国际贸易中的总体竞争力和该国货币汇率的总体波动幅度。

名义有效汇率（Norminal Effective Exchange Rate）是以名义汇率为

[①] Montiel P. J. , 1999, "The Long – Run Equilibrium Real Exchange Rate: Conceptual Issues and Empirical Research", In Hinkle, L. E. & Montiel, P. J. （ed.）, *Exchange Rate Misalignment: Concepts and Measurement for Developing countries*, Oxford University Press.

[②] Montiel P. J. , 1999, "The Long – Run Equilibrium Real Exchange Rate: Conceptual Issues and Empirical Research", In Hinkle, L. E. & Montiel, P. J. （ed.）, *Exchange Rate Misalignment: Concepts and Measurement for Developing Countries*, Oxford University Press.

基础经过贸易权数加权计算得到的一种加权平均汇率。计算公式如下：

$$E_n = \sum_{i=1}^{n} e_{ni} \times \omega_i \qquad (2.1.3)$$

实际有效汇率（Real Effective Exchange Rate）是以实际汇率为基础经过贸易权数加权计算得到的一种加权平均汇率。计算公式如下：

$$Er = \sum_{i=1}^{n} e_{ri} \times \omega_i \qquad (2.1.4)$$

其中，E_n、Er 分别是名义有效汇率和实际有效汇率，e_{ni}、e_{ri} 分别是该国对第 i 国的名义汇率和实际汇率，ω_i 是该国对第 i 国的贸易权数。

三、均衡汇率

Cassel（1922）的购买力平价说认为名义汇率是由两国物价水平之比决定，汇率的变动由两国物价水平的相对变动而决定。这里隐含了基期汇率是均衡汇率（Equilibrium Exchange Rate），均衡汇率为常数的思想。Keynes 在 1935 年的"国外汇兑的前途"中对均衡汇率给出了不完整的定义，他指出均衡汇率应固定在某一水平，并且在今后若干年内满足在基本经济条件不变的情况下使得一国国际收支、国际借贷及国际资本流动状态保持稳定的条件。给出均衡汇率较为完整概念的是 Nurkse（1945），他把均衡汇率定义为，在国际收支平衡和充分就业同时实现时的实际汇率，即内外均衡同时实现的实际汇率。Williamson（1983）提出基本因素均衡汇率（FEER）的概念，他认为基本均衡汇率是对于给定的其他变量的可持续值，同时实现内部均衡与外部均衡的实际汇率。此后，随着均衡汇率研究方法的创新，出现了不同角度的均衡汇率的概念。Stein（1994，1995）与 Faruqee（1995）将自然均衡汇率定义为：在不考虑周期性、投机性资本流动和国际储备流动的情况下，由基本经济因素决定的能够使国际收支实现均衡的中期实际汇率。MacDonald（1997）、Clark 和 MacDonald（1998）定义了行为均衡汇率：对实际有效汇率与其相关的基本经济变量，通过计量经济学方法建立起行为关系模型而得到的估计值。

四、汇率失调

汇率失调（Exchange Rate Misalignment）是用来度量汇率偏离均衡汇率程度的指标。Collins（1997）对汇率失调的解释是：实际汇率失调是指一国现实汇率偏离其理想的实际汇率的状态。汇率低估是指比理想汇率贬值更多的状态，高估是比理想汇率升值更多的状态。Collins 进一步指出对于汇率失调一个更恰当的参考指标是均衡汇率[1]。

汇率失调在多数文献中是针对实际汇率偏离均衡实际汇率而言，少量文献用于衡量名义汇率偏离均衡汇率的状态。

在直接标价法下，名义汇率或实际汇率高于均衡汇率时，称之为币值低估（Undervaluation）；名义汇率或实际汇率低于均衡汇率时，称之为币值高估（Overvaluation）。

第二节　均衡汇率与汇率失调的理论及测算方法

对均衡汇率与汇率失调的研究最早可追溯到 20 世纪初期，相关理论与测算方法经历了不断演进与发展的过程。

一、购买力平价分析方法

购买力平价的概念最早是由瑞典经济学家古斯塔夫·卡塞尔（Gustav Cassel）于 1918 年提出的。在 1922 年出版的《1914 年以后的货币与外汇》一书中更加系统地加以论述，从而形成购买力平价学说。卡塞尔假设商品的自由流动和广泛的贸易将使不同国家之间的货币购买力形成以物价水平表示的平价关系。

---

[1]　Ofair Razin&Susan M. Collins，1997，"Real Exchange Rate Misalignment and Growth"，*NBER Working Paper*，No. 6174.

（一）传统的购买力平价理论

1. 主要内容

两国货币的汇率是由其各自在本国所具有的购买力对比来决定的。一国物价或货币购买力的变动是汇率变动的原因，汇率的变动是物价或货币购买力变化的结果。若发生通货膨胀时，货币的购买力降低，汇率变动则由两国的通货膨胀程度决定，由购买力平价决定的汇率是均衡汇率。

2. 购买力平价有两种表现形式

绝对购买力平价（汇率是两国一般物价水平的对比）和相对购买力平价（汇率的变动是由两国物价指数的变化决定的）。

绝对购买力平价表达式：

$$e = P/P^* \qquad\qquad (2.2.1)$$

其中，P、P^* 分别表示本、外两国的物价水平。

$$P = f(P_1, P_2, P_3 \cdots P_n) \qquad\qquad P^* = f(P_1^*, P_2^*, P_3^* \cdots P_n^*)$$

绝对购买力平价有两个假设前提，一是对于任何一种商品一价定律都成立；二是在两国物价指数的编制中，各种商品所占的权重相等。于是，两国的物价水平之间存在着下列关系：$e = P/P^*$（P、P^* 分别为本国与外国的物价水平）。这是绝对购买力平价的一般形式，其含义是：汇率取决于不同货币衡量的全部商品的价格水平之比，即取决于不同货币对全部商品购买力之比。绝对购买力平价回答了汇率的决定问题。一价定律对于可贸易商品在不考虑交易成本的情况下是成立的，但对于全部商品成立与否尚有争议。

相对购买力平价表达式：

$$e_1 = e_0 \frac{(P_1/P_0)}{(P_1^*/P_0^*)} \qquad\qquad (2.2.2)$$

其中 P_1、P_1^* 分别表示报告期的物价水平，P_0、P_0^* 分别表示基期的物价水平，e_0 表示基期的双边汇率，e_1 表示计算期的购买力平价，P_1/P_0 表示本国报告期的物价指数,P_1^*/P_0^* 表示外国报告期的物价指数。

相对购买力平价认为,由于交易成本的存在,一价定律不能完全成立,同时各国一般价格水平的计算中商品及其权重都存在着差异。因此,各国的一般物价水平以同一种货币计算时并不完全相等,而是存在着一定的、较为稳定的偏离,即 $e_1 = e_0 \cdot P/P^*$(P、P^* 分别为本国与外国的物价水平),这是相对购买力平价的一般形式。其含义是:汇率的升值与贬值是由两国的通货膨胀率差异决定的。相对购买力平价回答了汇率变动的问题。

3. 对购买力平价说的评价

购买力平价说以货币数量论为理论基础,它所表述的实际上就是:货币数量决定货币购买力和物价水平,从而决定汇率。因此,购买力平价说实质是汇率的决定理论。在所有的汇率决定理论中购买力平价说是最有影响的,它从货币的基本功能(具有购买力)角度分析货币的交换问题,给予汇率最本质的解答。然而相当多的经济学家仍然认为购买力平价并不是完整的汇率决定理论,其不完整性的一个方面体现为:汇率与价格水平之间的关系,究竟是相对价格水平决定汇率,还是汇率决定相对价格水平,还是二者同时被其他变量所外生决定没有阐释清楚。尽管还存在着很多争议,也没有得到实证检验的充分支持,购买力平价仍被作为汇率的长期均衡标准普遍应用于其他汇率理论的研究与分析中。对均衡汇率的测算大多都是遵循购买力平价分析理论。但是这种方法存在着明显的局限性:该理论以货币数量论为基础,即假设单位货币的购买力是由货币的发行数量决定的,认为货币数量是可以决定物价水平并支配货币购买力的唯一因素,从而决定汇率水平;过分强调物价因素而忽视了其他因素对汇率的影响;忽视了汇率对物价的影响;存在着技术上的困难,如物价指数的选择不同可以导致不同的购买力平价,商品分类上的差异可以扭曲购买力平价。另外,相对购买力平价隐含了基期汇率为均衡汇率的假设,因此存在着基期的选择问题等。这种假定明显不符合均衡汇率的实际状况，因为均衡汇率并不是一个静态指标。

（二）对购买力平价的修正：巴拉萨—萨缪尔森效应

1964年巴拉萨发表题为《购买力平价教义：一种重新表述》的文章，对购买力平价理论进行系统的清算，清算的着眼点在于揭示购买力平价与现实汇率出现系统性差异的原因。当时在已有的关于购买力平价的估算中，这种偏离是非常普遍的，尤其是发展中国家的汇率存在严重低估的现象。巴拉萨因此考虑引入与经济发展水平有关的变量——劳动生产率加以解释。同年，萨缪尔森也发表文章《对贸易问题的理论评点》，探讨购买力平价在实际经济中发生系统性偏离的主要因素。他们的分析方法基本一致，因此，他们的见解被合称为"巴拉萨—萨缪尔森效应"。巴拉萨—萨缪尔森效应是对购买力平价的重要修正，这个修正是基于对这一种现象的观察：在低收入国家，相对于非贸易品贸易品的价格低于高收入国家，这实质上是低收入国家的与高收入国家不同部门相对劳动生产率的差异所引起的实际汇率的系统性调整。萨缪尔森（1994）将这种现象称之为"宾西效应"（the Penn effect）。巴拉萨（1964）和萨缪尔森（1964）对于"宾西效应"[1] 给予的解释是：高收入国家贸易品相对价格较高的原因是在经济增长和实际收入增加时贸易品部门的劳动生产率相对于非贸易品部门提高得更快。

巴拉萨—萨缪尔森模型[2]：以两部门（贸易部门和非贸易部门）小型开放经济体为研究对象。

假设前提：（1）在各国国内劳动力市场是竞争性的，劳动力在两部门之间可以自由流动，劳动力不能在各国之间自由流动。（2）资本在国际间是完全自由流动的。（3）贸易商品的购买力平价成立。公式推导：

---

[1] P. Isard. Equilibrium Exchange Rates：Assessment Methodologies. *IMF Working Paper*，No. 07296，December 2007.

[2] 丁剑平：《人民币汇率与制度问题的实证研究》，上海财经大学出版社2003年版。

$$P = (P_T)^\alpha (P_N)^{1-\alpha} \qquad (2.2.3)$$

其中，P 为本国全部商品价格总水平，P_T 为贸易品价格，P_N 为非贸易品价格，α 为贸易品占全部商品的比重，$1-\alpha$ 为非贸易品占全部商品的比重。

由于贸易商品的购买力成立：

$$P_T = P_T^* / S \qquad (2.2.4)$$

其中，P_T^* 为外国贸易品价格，S 为名义汇率水平（以本国货币为基准）。

根据实际汇率定义：

$$R = SP/P^* \qquad (2.2.5)$$

实际工资水平由劳动边际生产力决定：

$$W_T/P_T = MPL_T \qquad W_T^*/P_T^* = MPL_T^* \qquad (2.2.6)$$

其中，W_T 为贸易部门工资水平，MPL_T 为边际劳动生产力。由上述三个式子可得：

$$SW_T/W_T^* = MPL_T/MPL_T^* \qquad (2.2.7)$$

式（2.2.7）将本国与外国贸易部门工资水平联系起来。如果汇率 S 稳定不变，国内贸易部门工资水平越高，本国贸易部门相对外国贸易部门劳动生产力越高。由于劳动力在本国两部门之间可以自由流动，因此，本国贸易部门与非贸易部门工资水平趋于一致：

$$W = W_T = W_N \qquad W_T^* = W_N^* = W^* \qquad (2.2.8)$$

但由于非贸易部门实际工资水平等于该部门边际劳动生产力：

$$W_N = P_N MPL_N \qquad W_N^* = P_N^* MPL_N^* \qquad (2.2.9)$$

假设各国非贸易部门生产力水平相差不大，实际汇率（2.2.5）以（2.2.3）和（2.2.4）为基础，再将（2.2.8）、（2.2.9）变量代入其中可得：

$$R = S(P_T)^\alpha (P_N)^{1-\alpha}/(P_T^*)^\alpha (P_T^*)^{1-\alpha} = S(P_T/P_T^*)^\alpha (P_N/P_N^*)^{1-\alpha}$$

$$= MPL_T/MPL_T^* \qquad (2.2.10)$$

在经济高速增长的国家，贸易部门具有较高的生产力水平，导致贸易部门工资增长。由于劳动力可完全自由流动，因此，非贸易部门工资也将上涨。但由于贸易部门生产力高于非贸易部门生产力的增长，因此，非贸易部门工资的增加提高了成本，为了保证其利润，只有提高非贸易品的价格，这就引起非贸易品相对贸易品价格上升。根据等式（2.2.10），实际汇率上升，该国货币趋于升值，这就是巴拉萨——萨缪尔森效应。

二、宏观经济均衡分析方法

宏观经济均衡分析方法（MB）重视内外部均衡同时实现的要求。这种方法的起源可以追溯到 Nurkse（1945）、Metzler（1951），还有 Meade（1951）和 Swan（1963）也对 MB 方法做出了突出贡献。20 世纪 60 年代中期，MB 分析框架的被 IMF 应用于估计英镑预期贬值恰当程度的政策分析中。这时的 MB 分析包括三个最基本的组成部分：单边经常账户收支的特性；假设其独立于实际汇率，估计经常账户均衡值；经常账户、实际汇率与两国产出差异三者之间的关系。到了 20 世纪 90 年代中期，得益于威廉姆森的声望以及 IMF 经济学家们对该分析框架的改进，MB 分析框架开始以经常账户状况（CUR）与私人及官方净资本流入（CAP）的关系来体现的国际收支特性为着重点，即 CUR = CAP。近期 MB 方法的应用则转而关注国民收入账户的特性，将经常账户状况与国内储蓄超过投资的缺口联系起来，即 CUR = S − I。应用 MB 分析框架，定义基本经常账户状况（underlying current account position，UCUR）[1] 的概念是非常必要的。UCUR 实际上是一个定义中期经常账户状况的恰当概念，它是满足以下两个条件时，在现行实际汇率下 CUR 的观测值：条件一是所有国家都达到了充分就业或者潜在产出水平（内部均衡）；条件二是过去汇率变动对 CUR 的影响都已经完全实现。

我们可以用图 2 − 1 描述 MB 分析框架。

---

① P. Isard. Equilibrium Exchange Rates：Assessment Methodologies. *IMF Working Paper*，No. 07296，December 2007.

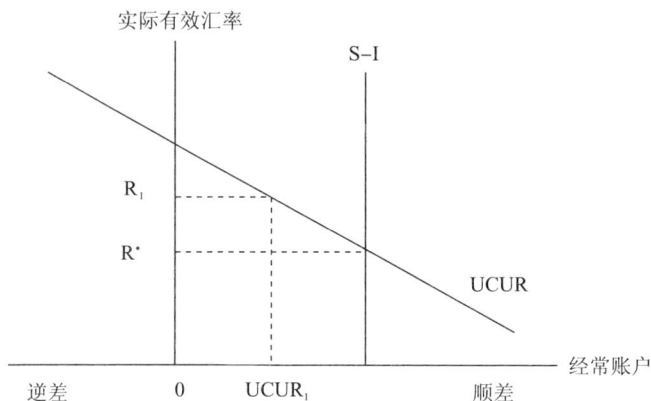

图 2 - 1　MB 分析框架

如图 2 - 1 所示，UCUR 与 S - I 曲线的交点决定了实际汇率的均衡值（R*）。R* 的计算从对两个变量的估计开始：第一，与现行实际汇率（R¹）相对应的基本经常账户差额（UCUR₁）的估计；第二，S - I 均衡水平与 UCUR₁ 之间缺口的估计。UCUR 曲线的斜率则用于估计实际汇率多大的变动才能弥补这个缺口实现均衡。

图 2 - 1 中 UCUR 与 S - I 曲线的位置及形状是由各自不同的一系列经济变量决定的，这个决定的过程就是对 UCUR 与 S - I 的估计。

对 UCUR 的估计需要设定一国的经常账户模型，Bayoumi 和 Faruqee（1998）提出了用于估计美国 UCUR 状况的模型。他们用以描述经常账户占 GDP 比率的简约方程是这样的：

$$CUR/Y = \alpha - \left[(M/Y)\lambda\beta_m + (X/Y)\lambda^*\beta_x\right]\left[\delta_0\ln R + \delta_1\ln R_{-1} + \cdots + \delta_n\ln R_{-n}\right] + \left[\lambda(M/Y) - (1 - \lambda^*)(X/Y)\right]\ln R - (M/Y)\psi_m YGAP + (X/Y)\psi_x YGAP \qquad (2.2.11)$$

其中，CUR 为经常账户，Y 为 GDP，M 为进口，X 为出口，R 为实际汇率，YGAP 为国内产出缺口，YGAP* 为加权平均的外国产出缺口 α 是反映初始条件的不变的量，β、ψ、δ、λ、λ^* 等变量是相应的变量的年平均值，CUR、Y、M、X 是以当期价格表示的。

根据 UCUR 的定义，可以得到：

$$UCUR/Y = CUR/Y - \psi_x YGAP + \psi_m YGAP - \left[(1 - \lambda^*)\beta_x(X/Y) + \lambda\beta_m(X/Y) \right]\left[\delta_1(\ln R_1 - \ln R_{-1}) \right] + \cdots + \delta_n(\ln R - \ln R_{-n}) \qquad (2.2.12)$$

Robert Tchaidze（2007）运用 MB 分析框架对冰岛的均衡汇率进行了测算，在经常账户标准的估计中选择了财政赤字、老龄人口比例、人口增长率、石油贸易差额占 GDP 比例、相对收入及国外净资产占 GDP 比例等宏观经济变量。测算结果表明，以 2006 年冰岛的国外净资产存量为基础，冰岛的经常账户赤字标准应为 GDP 的 0.7%～2.0%，实际汇率将为此贬值 18%～25%。

对于 S－I 的估计有两种方法：其一，是基于 S－I 与系列相关解释变量关系的计量经济学方法的估计；其二，是假设国外净资产的均衡规模及构成，然后据此定义 S－I 的均衡水平为投资收益流入与资本损益的差额。Debelle 与 Faruqee（1996）采用第一种方法，用工业国家的面板数据分析了 S－I 差额是如何受到经济发展水平、人口统计学因素及结构性财政状况的影响，此后的研究将该方法推广到更多国家及更多的解释变量上。第二种方法对 S－I 的估计需要有国外净资产或负债的均衡存量的假设，同时还要求假设有均衡实际利率及股权收益。这种方法对于评估一国国外净负债的可持续性是非常有效的，对于那些国外净负债头寸规模中等或较大的国家，该方法能够提供评价汇率是否严重失调的有效方法论。从这个角度来说，MB 方法逐渐演变为外部可持续性方法。

三、基本要素均衡汇率分析方法

基本要素均衡汇率测算方法（FEER）是 Williamson 提出来的。Williamson（1983）将均衡汇率定义为与宏观经济均衡相一致的实际有效汇率。而所谓的宏观经济均衡则是指经济处于充分就业和低通胀的内部均衡与国际收支经常账户可维持性的外部均衡的同时实现。为了强调均衡汇率的决定变量的中长期特性，将这些变量称之为"基本要素"。Williamson 所谓的"基本要素"实际上是这些变量的长期均衡水平，这是一种理想状态下才会出现的均衡水平。相应地，均衡汇率也是在理想经济状态下的均衡汇率。

FEER 模型的理论依据仍然是宏观经济均衡分析方法，即从外部均衡与内部均衡的关系出发寻找汇率的均衡。根据宏观经济均衡分析方法，外部均衡主要由中期经常账户收支状况作为衡量指标，当经常账户收支差额等于资本账户收支差额时，外部均衡得以实现。Williamson 将注意力主要集中在经常账户的决定上。Williamson 认为经常账户差额是一国国内需求、国外总需求及实际有效汇率的函数。在这个函数关系中，如果能够确定经常账户差额的均衡水平，就可以推导出实际有效汇率的均衡水平。在实际应用中以对中期的资本账户均衡水平的估算结果作为中期经常账户均衡水平的替代值。中期的资本账户均衡水平可以由相关的经济因素的估算而获得。通过这样的方法得出的实际有效汇率就是与宏观经济均衡相适应的汇率，即 Williamson 的基本要素均衡汇率。具体的递推关系如下：

$$CUR = -CAP \qquad (2.2.13)$$

$$CUR = \beta_0 + \beta_1 q + \beta_2 \bar{Y}_d + \beta_3 \bar{Y}_f = -\bar{C}AP \qquad (2.2.14)$$

$$FEER = (-\bar{C}AP - \beta_0 - \beta_2 \bar{Y}_d - \beta_3 \bar{Y}_f)/\beta_1 \qquad (2.2.15)$$

显然，为了估算均衡汇率必须首先确定一系列变量的均衡水平。首先，需要确定的是本国总需求水平的均衡值 $\bar{Y}_d$；其次，要确定国外总需求的均衡值 $\bar{Y}_f$；最后，要对资本账户均衡值 CAP 进行测算。已有的研究对国内总需求与国外总需求均衡水平的测算方法基本比较明确了，而对资本账户均衡值的测算方法还有待推敲。

Williamson 提出了确定经常账户的基本原则及步骤：首先，检查以往的不平衡与有效储蓄和投资水平之间的联系，考察它们是否反映了理性的经济行为，确定理性的平衡水平。其次，检查前面确定的理性的平衡水平是否是可持续的，如果是不可持续则需要调整结果以确保其可持续性。最后，检查上述理性并可持续的结果是否符合一致性的要求，如果结果是非一致性的，则需调整所有国家的过高或过低的目标，直到一致为止。Williamson 根据债务周期因素决定的投资需求和人口的年龄结构对储蓄行为的影响等因素，并结合上述可持续性和一致性原则，推断出 14 个国家和地区 1995 年的经常账户的目标值，结果表明一般经常账户占国民生产总值的比率达到 1% ~ 2% 是相对合理的。但是，Williamson 的这种测算方法带有明显的主观性，表现在对可持续性和一致性的判断上。

Bayoumi 和 Faruqee（1998）将经常账户均衡视为在充分就业条件下所需要的储蓄和投资之差。这个方法在宏观经济均衡分析方法中有详细介绍。这种方法排除了主观判断因素的干扰，结论更符合实际状况。

因为 FEER 方法是用一套特别的经济变数来计算汇率，它抽象掉了短期周期性和暂时性因素，集中于经济的基本因素，因此这些基本因素被认为是可能具备中期作用的变数。这些变数在将来不一定必然发生，实际上它可能只是一种从来都没有实现过的意愿假设。从这个意义上讲，FEER 方法测度的是规范性的概念。事实上，Williamson（1994）已经把 FEER 的特征概括为同理想的经济条件相一致时的均衡汇率。这个规范方法的本身不应该受到批判，因为它简单地反映了在一套好的定义的经济条件下测度汇率的方法。当然，人们可以选择不同的条件去计算汇率。

从上面的分析中可以看出，由 FEER 模型所估计出的汇率水平具有移动变化特征。首先，各国以不同的速率增长，生产率差异要求增长更快的国家的汇率升值。其次，赤字国将积累外债，为了保持经常账户平衡，必须使实际汇率贬值，以便增加贸易收入去补偿日益增加的债务利息支付。同样，持续盈余的国家要求实际升值，以便支持对相对增加的产出的吸收。最后，假如进口需求的收入弹性水平和国内增长率，分别超过出口需求的收入弹性水平和国外的增长率，从长期来看对经常账户有不利作用，这也将要求通过连续的贬值来消除这种不利的作用。即使它们分别相等，如果进口和出口的初始水平差异较大，也会产生类似的结果。

基本要素均衡汇率模型（FEER）抽象掉短期的周期性因素和暂时性因素，集中分析基本经济因素对均衡汇率的影响，揭示了均衡汇率变化的本质。通过集中于对经常账户的分析，该模型提供了一种简明的和系统的估计均衡汇率的方法，为政策制定者评价汇率提供了依据。但是，FEER 模型的局部均衡方法也存在明显的缺点：

第一，该模型在计算中暗含有两个假定：其一，该方法假定未来产出和资本累积的外生输入是双向一致的；其二，该方法暗含假定这些输入本身独立于实际汇率，换句话说，假定模型有一个递归的结构，以便使资产累积和产出能够先于或独立于汇率的结果得到。实际上，有许多理由证明上述假定不成立。以产出供给而言，它依赖于 FEER，因为实际汇率影响实际消费收入或资产成本。另外，当所有工业国家进口占重要比例时，实际汇率也将影响资本成本。实际汇率和资产积累之间也有直接的联系，但是它以实际利率来传导。

第二，FEER 分析的仅仅是流量均衡，它没有考虑存量均衡。但是实际上，诸如债务余额等存量指标，即使在研究中期均衡汇率时也应该被包括在内，因为它会持续影响风险报酬。

第三，FEER 模型所测算的汇率是同理想的经济条件相一致时的均衡汇率，但是本国和相关贸易伙伴国潜在产出的估计、资本项目均衡值的估计或判断等都涉及价值判断问题，因而带有规范性要求。

第四，虽然模型集中分析基本经济因素对均衡汇率的影响，但是在实际分析中，由于数据处理方面的困难，如何从现实数据中过滤掉短期的周期性因素和暂时性因素，还是一个需要进一步解决的问题。此外，在实际计算中很多情况下没有体现影响汇率实际行为的变数效应。

四、发展中国家均衡汇率分析方法

Edwards（1989）提出了针对发展中国家的均衡汇率模型——均衡实际汇率模型①（ERER）。后来经 Edwards（1994）和 Elbadawi（1992）等人的修正和扩展而逐步得到完善。Edwards 采用了内部实际汇率的概念。而不是通常的以两国物价调整的名义汇率的概念。他定义均衡实际汇率为给定相关变量（如税收、国际价格和技术）的可维持水平，并使得内部均衡与外部均衡同时实现的贸易品与非贸易品的相对价格。内部均衡是指非贸易品市场在当期是出清状态，并且预期在未来也处于均衡状态。这样的均衡实际汇率的定义隐含着均衡是在自然失业率的条件下发生的想法。而外部均衡则是在一国跨期预算限制下的经常账户余额贴现值为零时实现，即当期及未来的经常账户差额与长期可持续的资本流动保持一致。

ERER 不同于传统的 PPP 定义，ERER 不仅受到基本因素现实值的影响，而且受到预期值的影响。Elbadawi（1992）认为，成功的 ERER 模型至少应当包括三个要素：它应该将 ERER 发展成为基本因素的长期函数；它应该允许 PER（实际汇率）向 ERER 进行灵活的动态调节；它应该允许短期和中期的宏观经济和汇率政策对 ERER 产生影响。

ERER 模型源自塞奥特—斯旺的非贸易商品模型（Salter-Swan），它是一个小国或依附型经济模型，这样的国家小到不能影响自己的贸易条件（Salter，1959；Swan，1960）。Williamson 曾将 ERER 称为"芝加哥"定义。所以，ERER 模型主要是针对发展中国家均衡汇率问题的。

由于发展中国家经济具有实行外汇管制、存在贸易壁垒和平行汇率等方面的特点，所以 Edwards 对模型做了如下假定：（1）考虑的是一个开放经济小国，其市场上存在出口品、进口品和非贸易品三类商品，本

---

① Edwards S.，1989，"Real Exchange Rates in Developing Countries：Concepts and Measure-ment"，*NBER Working Paper*，No. 2950.

国生产出口品和非贸易品，消费进口品和非贸易品。（2）存在双重汇率，固定的名义汇率适用于商品交易，自由浮动的名义汇率适用于金融交易。（3）本国居民既持有本币又持有外币，私人部门积累着一定数量的外币。（4）政府收入来源于非扭曲的税收和国内信贷创造，政府消费进口品和非贸易品。（5）政府和私人不能对外借债，也不存在国内的公共债务。（6）存在进口关税，关税收入以非扭曲的方式又传回给公众。（7）以外币表示的出口价格是固定的，且等于单位1。（8）起初假定存在有效的资本控制以至没有国际资本流动，以后放松假定即政府不倾向于资本控制，有资本流动进出该国。（9）存在完全预期。

在上述假定下，Edwards构造了包括资产决定、需求部门、供给部门、政府部门和外部部门5个部分的16个方程。当非贸易品市场出清、外部部门实现均衡（国际储备变动、经常项目差额和货币存量变动分别相等且等于零）、财政政策可持续（政府支出等于无扭曲的税收收入）和资产组合实现均衡这四个条件同时成立时，经济处于稳定状态。此时，汇率达到了长期可持续均衡状态。利用这些条件，结合所构造的方程，就可以得出长期均衡实际汇率的模型。根据推导出的模型，Edwards发现长期均衡实际汇率是贸易条件、资本流动、关税水平、劳动生产率和政府消费等基本经济因素的函数。在短期内，货币变数等的变化也将影响实际汇率的变化。Edwards（1989）具体地分析了实际扰动对均衡实际汇率的影响：（1）贸易条件与均衡实际汇率。一般来说，贸易条件改善会产生收入和替代两种效应。在其他条件不变的情况下，贸易条件改善会导致均衡实际汇率升值，贸易条件恶化会导致均衡实际汇率贬值。但是由于各国的实际条件不同，也可能出现相反的情形。（2）关税与均衡实际汇率。关税的主要作用是通过影响进口品的价格来达到调节进口量的目的。假设其他条件不变，如果马歇尔—勒纳条件成立，那么降低关税会导致均衡实际汇率贬值。当然，关税降低的类型不同，对均衡实际汇率的影响结果也不同。如果是短期降低关税，则会加深贬值程度；如果是长期降低关税，对均衡实际汇率的影响相对短期降低关税要平稳一些；如果是预期降低关税，则可能会出现相反的结果。（3）外资流入与均衡实际汇率。一般来说，在短期内外资流入就会导致均衡实际汇率升值。从长期看，如果外资是以借债的形式流入的，且全部进入消费部门而不创造任何生产力，会导致均衡实际汇率贬值；如果是进入投资部门，则会导致均衡实际汇率升值。如果外资是以产业投资的形式流入的，特别是投资于外向型部门，则会导致均衡实际汇率升值。（4）技术进步与均衡实际汇率。由于巴拉萨—萨缪尔森效应，贸易部门的技术进步速度比非贸易部门相对更快，所以随着时间推移贸易品与非贸易品的相对价格会逐步降低，因而在正常情况下技术进步会导致均衡实际汇率升值。

在长期均衡实际汇率模型的基础上，Edwards（1994）还构造出了实际汇率运动变化的结构动力学方程。该结构动力学方程表明，实际汇率的运动主要受四个力量的影响：一是汇率的自动调整机制，即在其他条件不变的情况下现实实际汇率向均衡实际汇率逐渐调整的变动；二是政策的调整机制，即货币政策和财政政策等宏观经济政策向其可持续水平逐渐调整的变动；三是名义汇率的滞后调整机制，它实际上反映了名义贬值率；四是同时存在的不同外汇市场之间的汇率差异逐步缩小的调整机制。

由于均衡实际汇率主要受贸易条件、资本流动、关税水平、劳动生产率和政府消费等基本经济因素的影响，因此可以得出实际汇率的运动是贸易条件、政府消费的非贸易品与国内生产总值（GDP）的比率、关税水平、技术进步、资本流动以及投资与 GDP 的比率等变数的函数。Edwards 利用 12 个发展中国家的数据验证了该模型的最重要内涵：（1）在短期，实际汇率运动既是实际扰动的反映，又是货币扰动的反映。（2）在长期，均衡实际汇率运动仅仅依赖于实际变数。（3）在短期，不连续的扩张性的宏观经济政策将会导致实际汇率失调（高估）。（4）

假如名义汇率贬值出于实际汇率失调情况和伴随着适当的宏观经济政策，那么名义汇率贬值将对均衡实际汇率有持续的影响。实证分析的结果，较好地支持了模型的内涵。此外，Elbadawi 在 Edwards 模型的基础上，构造了一个带有长期预期的 ERER 模型，并利用智利、加纳和印度等国的数据进行了实证分析，得出的结果比 Edwards 模型更具有合理性。

ERER 模型充分考虑了发展中国家转型经济的特点，因而比较适合对发展中国家均衡汇率的测度和现实汇率进行评价。但是该模型在实际应用中也存在一些不可克服的矛盾。一是模型中的某些变数数据不能取得，必须用其他变数代替。二是反映发展中国家转型经济特点的某些变数，在回归结果中可能会出现不显著的现象。此外，由模型所得出的均衡实际汇率是无法直接观察的，因此如何测度它的精确性还值得研究。

五、自然均衡汇率分析方法

自然均衡汇率分析方法（NRER）是 Stein（1994，1995）和 Faruqee（1995）提出的。NRER 将均衡汇率定义为：在不考虑周期性、投机性资本流动和国际储备流动的情况下，由基本经济因素决定的能够使国际收支实现均衡的中期实际汇率①。该理论主要是经验地解释在节俭和生产力等基本要素实际变数确定的情况下，实际汇率的中长期运动。

自然均衡汇率模型的基本假定是：价格出清市场，并且此时的产出已达到内在的潜在水平；实际汇率调节到现实均衡水平；货币需求和货币供给相等；中央货币当局不干预外汇；假定货币中性，不考虑货币性因素（如名义货币供给、名义价格和名义汇率体制等）扰动；假定具有相对较高的长期资本流动。在这些假定下，自然均衡汇率模型可以由类似国民收入账户的方程式（储蓄与投资之差等于经常项目差额）来

---

① Clark，P. B. &MacDonald，R.，1998，"Exchange Rates and Economic Fundamentals: A Methodological Comparison of BEERs and FEERs". *IMF Working Paper*，No. 67.

表达。可见，自然均衡汇率模型的核心内容反映在投资、储蓄和净资本流动（储蓄与投资的差额）上。在资本高度流动的情况下，当实际汇率贬值和资本净内流（投资与储蓄之差）增加，分别导致物质资本的实际存量、财富（物质资本的实际存量与净外债之差）和净外债发生变化时，这些存量变化又反过来改变所需的投资、储蓄和经常项目差额，因而要求出现一个新的均衡汇率水平。只有当经济达到长期均衡状态，即基本经济要素和实际资产存量保持不变时，自然均衡汇率才能够保持恒定不变。

外生基本经济因素，如国内外节俭程度和生产力（对于小国来说，还包括外生的贸易条件和国际实际利率）的变化，会通过两种途径影响自然均衡汇率：一种是影响所需的投资、储蓄和经常项目，从而在中期诱导自然均衡汇率的相应变动。另一种是通过改变物质资本的实际存量、财富和净外债的积累率来改变自然均衡汇率到达新的长期均衡水平的运动轨迹。只要不是在长期均衡水平上，在其他任何水平上自然均衡汇率都是外生和内生实际基本经济要素的函数。一个完整的自然均衡汇率模型可以决定中期实际均衡汇率（自然均衡汇率）、自然均衡汇率的变动轨迹和长期均衡汇率（稳定状态的均衡汇率，它仅仅是外生实际基本经济要素的函数）。

NATREX 模型的核心是理性和最优化行为决定均衡实际汇率的一组一般均衡汇率模型族，这些模型为经验研究提供了较逻辑的经济判断。在 NATREX 方法提出之前，一般的汇率决定理论很少能够成功地解释名义汇率的波动，特别是无法解释 20 世纪 80 年代美元的名义汇率和实际汇率先升值后贬值的原因。而 NATREX 模型对此有较好的解释力。斯坦检验了美国和 G－10 国[①]的汇率情况，它们的变化与基本经济

---

① G－10 国（Gronp of Ten），又称为十国集团，是由一群共同参与一般借款协定（GAB）的国家所组成的团体。成员包括：比利时、荷兰、加拿大、瑞典、法国、瑞士、德国、英国、意大利、英国、日本。

因素变化情况一致，所做的预测也与实际高度符合。Guay Lin 和 Stein 研究了相对小国澳大利亚，实际基本因素也较好地解释了实际汇率的变化。Liliane Cmuhy—Veyrac 和 Michele Saint Marc 研究了德国和法国这样经济规模中等的国家，它们不能够影响国际利率，但可以影响贸易价格和贸易结构。结果证明，实际有效汇率的变化和基本因素变化是一致的，但是其调节的速度比浮动汇率条件下相对要慢。

需要指出的是，NATREX 是一个实证而非规范性的概念，它是在现有的经济政策基础上论述由实际基本因素决定的汇率，不涉及社会福利问题。这是 NATREX 不同于 FEER 概念的地方。在 FEER 模型中，实际均衡汇率是按潜在产出测度的经常项目和意愿的资本流动一致时的汇率，这里意愿的资本流动没有被公共政策所扭曲，这种规范性要求是两者之间的主要差异。当然，必要时也可以将最优政策反映到 NATREX 模型中来。另外，NATREX 模型具备考虑存量均衡条件所要求的特征，这也是它不同于 FEER 模型的地方。从实证分析结果看，NATREX 模型的确具有较好的解释力。

六、行为均衡汇率分析方法

MacDonald（1997）、Clark 和 MacDonald（1998）发展了一种用一个估计的简约方程来解释实际有效汇率在样本期间的行为的均衡汇率分析方法（BEBR）——行为均衡汇率分析方法[①]。BEER 将均衡汇率定义为对实际有效汇率与其相关的基本经济变量，通过计量经济学方法建立起行为关系模型而得到的估计值。以下为有代表性的简约方程一般形式：

$$q_t = \beta'_1 Z_{1t} + \beta'_2 Z_{2t} + \tau' T_t + \varepsilon_t \qquad (2.2.16)$$

其中，Z_1 是预期长期内产生持续影响的基本经济因素向量；Z_2 是中

---

① MacDonald, R., 1997, "What Determines Real Exchange Rates? The Long and Short of It". *IMF Working Paper*, No. 21.

期内影响实际汇率的基本经济因素向量;T 是短期影响实际汇率的临时因素向量;ε 是随机干扰项;β_1、β_2、τ 是简约方程的待估计参数。

在上述方程中,实际汇率的观测值是由中长期内影响因素 Z_1、Z_2,短期临时性因素 T 和随机误差项 ε 决定。这里有必要对于实际汇率的观测值 q_t 及估计值 q'_t 加以区分。q'_t 是有中长期基本经济因素决定的汇率估计值,我们称其为当前均衡汇率(Current Equilibrium Rate):

$$q'_t = \beta'_1 Z_{1t} + \beta'_2 Z_{2t} \qquad (2.2.17)$$

相应地,我们给出当前汇率失调(Current Misalignment)cm_t 的定义:

$$cm_t = q_t - q'_t = q_t - \beta'_1 Z_{1t} - \beta'_2 Z_{2t} = \tau' T_t + \varepsilon_t \qquad (2.2.18)$$

当前汇率失调是根据基本经济因素当前水平计算的,而这个当前水平并不反映该变量的长期均衡水平,因此,我们需要根据基本经济因素长期均衡水平定义汇率对长期均衡值的偏离,即总的汇率失调水平(Total Misalignment,简称 tm_t),tm_t 是实际观测到的汇率与基本经济因素可持续的长期均衡值所确定的长期均衡汇率之差:

$$tm_t = q_t - \beta'_1 \bar{Z}_{1t} - \beta'_2 \bar{Z}_{2t} \qquad (2.2.19)$$

式中的 $\beta'_1 \bar{Z}_{1t}$、$\beta'_2 \bar{Z}_{2t}$ 代表基本经济因素可持续的长期值。对式(2.2.19)右边进行变换,减去和加上 q'_t 后总的汇率失调水平可以分解为两部分:

$$tm_t = q_t - q'_t + \left[\beta'_1 (Z_{1t} - \bar{Z}_{1t}) \right] + \left[\beta'_2 (Z_{2t} - \bar{Z}_{2t}) \right] \quad (2.2.20)$$

由于 $q_t - q'_t = \tau' T_t + \varepsilon_t$,因此(2.2.21)式可改写为:

$$tm_t = \tau' T_t + \varepsilon_t + \left[\beta'_1 (Z_{1t} - \bar{Z}_{1t}) \right] + \left[\beta'_2 (Z_{2t} - \bar{Z}_{2t}) \right]$$

$$(2.2.21)$$

在行为均衡汇率方法中,在任何时点上,总的汇率失调都是由以下三方面因素决定的:短期临时性因素、随机干扰因素和基本经济因素偏离其中长期均衡水平的程度。不同于 FEER 方法,BEER 仅仅是一个中长期的概念,因为它可以大体上解释实际汇率的周期性变动而被经常地应用。该方法对于简约汇率方程的估计将随着对于短期因素鉴别的不同、对中长期因素选择的不同以及基本因素偏离其长期均衡水平程度测度的不同而不同。

FEER 方法计算的均衡汇率概念是在国内经济均衡条件下，经常账户收支差额与可持续的资本流动相一致时的汇率。在此方法下，只要内外均衡位置不受扰动，汇率就保持不变，计算没有体现影响汇率实际行为的变数效应。与 FEER 方法不同，BEER 方法采用简约的单方程模型测算均衡汇率。模型的构建思路是将实际有效汇率解释为具有长期持续效应的经济基本因素向量、中期影响实际汇率的经济基本因素向量、短期影响实际汇率的暂时性因素向量和随机扰动项的函数。根据式（2.2.21）可知，现实的实际有效汇率对长期均衡汇率的偏离总是由三方面因素所决定，即短期临时性因素、随机扰动因素和基本经济因素偏离其中长期均衡水平的程度因素。由此可见，BEER 方法既能够用于测算均衡汇率，又能够用于解释现实汇率的周期性变动。BEER 方法明显克服了 FEER 方法的局限性，它能够解释在相关经济变数条件下汇率的实际行为，这也是将其称为行为均衡汇率的原因。

Clark 和 MacDonald（1998）从理论上分析了构建行为均衡汇率模型的变量选择问题。他们从实际汇率的概念出发，实际汇率是名义汇率与两国物价水平之比的乘积，可表示为：

$$q_t = s_t - p_t^* + p_t \qquad (2.2.22)$$

其中，q_t 为实际汇率，s_t 为名义汇率，p_t^* 与 p_t 分别为外国与本国的物价水平，上述所有变量均取对数形式。

对于贸易品而言，上述关系式变成：

$$q_t^T = s_t - p_t^{T*} + p_t^T \qquad (2.2.23)$$

若将一般物价水平用贸易品和非贸易品价格表示，带 T 标示的表示贸易品，带有 NT 标示的表示非贸易品。则实际汇率可写成：

$$q_t = q_t^T + \alpha_t^* (p_t^{T*} - p_t^{NT*}) - \alpha_T (p_t^T - p_t^{NT}) \qquad (2.2.24)$$

用 $\bar{q}_t$ 表示长期均衡实际汇率，替换到式（2.2.24）中，得到

$$\bar{q}_t = q_t^T + \alpha_t^*(p_t^{T*} - p_t^{NT*}) - \alpha_T(p_t^T - p_t^{NT}) \qquad (2.2.25)$$

式（2.2.25）表明实际汇率的长期均衡水平由贸易品与非贸易品的相对价格决定。进一步的分析表明，影响实际汇率的长期因素包括劳动生产率、需求、反映国内投资与储蓄关系的政府赤字、私人部门的储蓄、反映外部供给冲击的石油价格等。

为了将长期均衡实际汇率与短期均衡汇率联系起来，Clark 和 Mac-Donald 又从非抵补的利率平价条件，推导出现实均衡汇率由实际汇率的预期、国内外实际利率差异和风险贴水（风险溢价）三个部分决定的结论。由此并提出实际均衡汇率的短期影响因素包括国内外实际利率差异、国内外政府债务相对供给等。Clark 和 MacDonald（1998）用上述变量构建了 BEER 模型，对美元、马克和日元的实际有效汇率进行了实证分析，结果表明 BEER 方法具有较好的解释力。

BEER 方法没有直接地考虑内外部平衡问题。可是从理论上讲，基本经济因素的值能够被调节到充分就业和低通货膨胀水平，即可以调节到同内部平衡相一致时的水平。相对而言，对外部平衡没有明显的相对调节方法。出现这种现象有两个方面原因：第一，模型以假定非抵补利率平价为基础，因此不可能对外部不平衡融资进行有效的限制；第二，模型体现了这样的调节机制，即它产生了同政府债务水平和国外净资产相适应的实际汇率的均衡变化，以便实现外部平衡，至少从长期来看是如此。这是 BEER 方法的不足之处。不过，由于 BEER 方法包括了实际有效汇率行为的直接的经济计量分析，它试图解释在相关经济变数条件下汇率的实际行为，因而提供了较好的计算方法和解释性例子。从实证分析结果来看，BEER 方法具有较好的解释力。

七、外部可持续性方法

外部可持续性方法（ES）是 IMF 经济学家近年提出的一种均衡汇

率分析方法。Tchaidze（2007）运用这种方法对冰岛的实际均衡汇率进行了估计。Hobdari（2008）在对坦桑尼亚的均衡汇率估计中也运用了外部可持续性方法。外部可持续性方法是基于这样的理念：经常账户顺差必须足以支付对外债务。实现这一目标最有效的方法是稳定该国国外净资产（NFA）相对于经济规模的比率[1]。该方法包括下列三个步骤：计算能使 NFA 稳定在标准状况的经常账户收支的规模；比较该经常账户收支规模与预期的在无政策调整前提下的中长期经常账户收支水平；应用经常账户收支对 REER 的弹性计算 REER 必要的调整程度。在运用该方法的过程中，确定经常账户与国外净资产的关系、计算经常账户对实际汇率的弹性是两个关键步骤。

从国外净资产的变动与国际收支项目的关联入手，假设在国际收支中不存在资本损益及错误和遗漏项目，经常账户扣除外国捐赠后占 GDP 的比率将使得国外净资产占 GDP 的比率稳定在一个基准水平上，则通过简单的推导过程可以得到他们之间的关系式：

$$ca^s = \frac{g_t + \pi_t}{(1 + g_t)(1 + \pi_t)} nfa^s - gr_t \qquad (2.2.26)$$

其中：ca^s 是经常账户占 GDP 的比率，nfa^s 是国外净资产占 GDP 的比率，g_t、π_t、gr_t 分别是实际 GDP 增长率、通货膨胀率和外国捐赠占 GDP 的比率，$(1 + g_t)(1 + \pi_t)$ 代表名义 GDP 增长率。

经常账户对实际汇率的弹性可以表示如下：

$$\eta_{CA} = \left(\eta_X \frac{X}{GDP}\right) - \left(\eta_M \frac{M}{GDP}\right) \qquad (2.2.27)$$

其中，η_{CA} 是经常账户对实际汇率的弹性，η_X 是出口对实际汇率的弹性，η_M 是进口对实际汇率的弹性，X、M、GDP 分别是名义的出口、进口和 GDP。方程表明如果一国的出口和进口占 GDP 的比率较高，则弥补国

① Niko Hobdari. Tanzania's Equilibrium Real Exchange Rate. *IMF Working Paper* No. 08138. May 2008.

际收支差额所需的实际汇率的调整幅度就小。

ES 方法的主要内涵是：在保持对外债务与 GDP 之比稳定的前提下，债务国的经济增长越快，承受经常账户赤字和贸易逆差的能力越强；对外资产平均收益率越高（或对外负债平均成本越高），债务国可承受的贸易逆差越大（或债务国所需的贸易顺差越大）。在其他条件相同时，要将 NFA 头寸稳定在一定水平上，对外资产平均收益率低于对外负债平均成本的经济体的贸易顺差必须更大。

与 MB、FEER 等方法需要依赖计量经济估计不同，ES 方法只需要对经济潜在增长率、通货膨胀率、对外资产收益率和对外债务平均成本的变量做出假设。这种方法比起相对复杂的计量经济学方法简单、透明。因此，ES 方法可以作为其他复杂的评估方法的参照系。

第三章　人民币均衡汇率与
汇率失调程度的测算

　　第二章综述了关于均衡汇率及汇率失调的理论与测算方法，本章的主要任务是选择适合人民币汇率的研究方法，对样本期间的人民币均衡汇率及汇率失调程度进行测算。

第一节　人民币均衡汇率与汇率失调的研究综述

　　对人民币汇率失调问题的研究是在外界对中国国力不断提升后进而产生人民币升值预期的背景下开始的。

　　国外对人民币均衡汇率与汇率失调的研究成果主要集中在 2004 年以后，一些研究成果成为压迫人民币升值的外部舆论的依据。Goldstein（2004）采用 MB 分析框架对人民币实际汇率进行估计，实证结果是人民币实际汇率低估 15%～30%。Frankel（2004）结合当时中国实际经济状况运用 MB 分析框架和扩展的 PPP 方法综合分析后认为人民币实际汇率低估 36%，提出在中国内部经济过热的条件下，放弃盯住汇率制实施一定程度的汇率升值有利于缓解通货膨胀压力。Coudert（2005）运用 MB 方法和扩展的 PPP 方法分别估计了人民币汇率，前一种方法的结论是人民币实际汇率低估 23%，后一种方法则低估了 18%。Coudert 和 Couharde（2007）运用 BEER 和 FEER 方法对 2000～2004 年的人民币实际汇率进行了估计。他们首先运用 BEER 方法对选取的四个不同的样本进行了测算，在对包括 132 个国家的整体样本测算中，人民币实际汇率低估程度达到 63.5%；对仅包括新兴市场和发展中国家的样本 2 的测算中，人民币实际汇率低估程度达到 52.4%；在剔除了贫困国家以及发生战争或严重社会问题从而导致价格畸高的国家的样本 1 和样本 3 中，测算表明人民币实际汇率低估程度分别达到 45.8% 和 43.9%。为了使测算结果更有说服力，Coudert 和 Couharde 又进一步采用 FEER 方法对有效汇率与人民币兑美元的双边汇率进行测算，在假定经常账户赤字占 GDP 1.5% 的条件下，测算结果是 2002 年与 2003 年有效汇率分别低估 27% 和 23%，人民币兑美元的双边汇率分别低估 49% 和 44%。

国内对人民币均衡汇率的研究很多，大多数文献都测算出了人民币实际汇率的失调状况。张晓朴（2000）分别运用发展中国家均衡汇率模型和行为均衡汇率模型测算了 1980～1999 年人民币均衡汇率及其失调状况，结果显示在此期间人民币汇率出现两次明显高估和两次明显低估。在这个测算结果基础上，他着重对实际汇率高估的危害进行了理论分析，并认为汇率高估会对本国的出口、国内生产、就业、财政收入和外商直接投资等产生诸多不利影响。唐国兴和徐剑刚（2003）分别基于购买力平价和结构模型计算了人民币实际汇率失调，发现 1996～1999 年人民币币值高估，他们通过计量模型研究了人民币实际汇率失调的经济效应，结论认为：在 1% 显著性水平下，实际汇率失调对进口、出口、投资有显著的负面影响。秦宛顺等（2004）采用行为均衡汇率分析方法，选择贸易条件、劳动生产率、贸易顺差三项指标与人民币实际有效汇率进行协整分析，结论显示 2002～2003 年人民币实际汇率低估程度为 4% 左右。这与国外学者的估计结果差异巨大。储幼阳（2004）采用发展中国家均衡汇率模型研究了 1980～2002 年人民币汇率失调问题，结果表明 1990～1994 年间人民币汇率明显低估，而 1996～2001 年间明显高估。施建淮、余海丰（2005）也采用行为均衡汇率方法，并以季度数据进行估计，显示 2002 年第二季度到 2004 年间人民币实际汇率低估程度在 10% 左右。王维国、黄万阳（2005）同样用发展中国家均衡汇率模型测算了人民币现实汇率的失调程度，并检验了汇率失调对中国对外贸易收支和经济增长的影响，结论认为人民币实际汇率失调的变化对贸易收支占 GDP 比重的变化有显著影响，这种影响存在 2～4 年的时滞；经济增长变动对人民币实际汇率失调变动的效应存在 1 年或 3 年的时滞。吴丽华、王锋（2006）通过把实际汇率失调引入进出口方程做解释变量，并从 1984～2004 年的整个时段来研究人民币实际汇率失调对进出口的影响，发现实际汇率错位对出口和进口都产生了显著的负面效应。胡再勇（2008）对 1978～2006 年人民币实际汇率失调程度进行研究，他选择了贸易条件、开放度、劳动生产率、投资率、外资流入、政府支出及广义货币供应量等诸多变量构造行为均衡汇率模型，测算结果为：在 2003 到 2006 年期间人民币实际有效汇率存在较严重的低估，2005 年与 2006 年低估程度分别为 16.3% 与 15.3%。

从以上对文献的梳理中可以看到，国外与国内学者对人民币均衡汇率及失调程度的测算方法是多样性的，应用 PPP、MB、ERER、FEER、BEER 等各种不同的方法，测算结果也存在着很大的差异。同一学者运用不同的方法测算结论也有很大差异，而不同的学者在运用同样的方法进行测算时，由于选择的变量不同，测算结果仍然差异巨大。但是，总体来说，国外学者测算结论普遍显示在样本期内人民币实际汇率严重低估，而国内学者的研究结果则显示低估程度较低。

第二节　人民币均衡汇率及失调程度
测算的基本方法选择

PPP 分析方法以其早期在汇率决定理论中奠定的基础地位，成为汇率研究的基本方法。尽管对于购买力平价的实证分析并不支持它对汇率均衡水平的预测能力，但是，购买力平价水平仍然能够反映长期汇率趋势，加之经过巴拉萨—萨缪尔森效应的修正，购买力平价与长期汇率的偏离也可以得到纠正。因此，无论是汇率决定还是对均衡汇率水平的测算，PPP 方法的应用都十分广泛。

MB 方法以及 FEER 方法都以内外均衡同时实现为条件，MB 方法以经常账户与国内储蓄缺口的一致性来判断均衡汇率水平，该方法要通过模型确定基本经常账户状况及国内储蓄缺口的长期均衡水平。FEER方法分析的注意力则集中于经常账户的中长期决定因素上，FEER 模型抽象掉短期的周期性因素和暂时性因素，集中分析这些影响经常账户的基本经济因素对均衡汇率的影响。无论是 MB 方法还是 FEER 方法，在测算中都需要估计内外均衡实现所对应的代表性变量的标准值，在变量选择及标准值的判定上都带有主观因素，这既增加了测算的难度，也增加了测算结果的不确定性。

ERER 方法采用了内部实际汇率的定义，即实际汇率是贸易品与非贸易品的相对价格，这与本文所要测定的均衡实际汇率的定义不一致。而且这种方法主要针对小型开放型经济体，也不符合我国的经济状况。此外，该方法是由一系列方程构成的结构方程，求解过程也相当复杂，不便于操作。

NRER 将均衡汇率定义为：在不考虑周期性、投机性资本流动和国际储备流动的情况下，由基本经济因素决定的能够使国际收支实现均衡的中期实际汇率。从此定义上可以看出，该方法主要针对汇率的中长期趋势，无法对均衡汇率的短期变化提供必要的政策建议。另外该方法由许多方程联立而成，模型参数的估计难度高，对数据的要求也高，因此缺乏可操作性。

ES 方法以外部可持续性为条件，即一国经常账户顺差必须足以支付对外债务。这种方法衍生于 MB 方法对经常账户收支状况的分析。从IMF 专家的应用中，可以看到该方法仅限于对冰岛及坦桑尼亚这样的小型经济体的均衡汇率进行测算。与 MB 方法相同的是需要对基本经常账户的状况进行模型测算及推断，带有一定的主观色彩。同时，还要依赖于实际汇率弹性的计算，从而确定实际汇率的调整幅度。整个方法的运用上着眼点集中于外部均衡上，属于局部均衡分析。

行为均衡汇率分析方法（BEER）根据实际有效汇率与相关的基本经济因素之间的行为关系构建简化式计量模型，运用计量经济方法估计模型参数及均衡实际汇率的取值，并不以宏观经济均衡为条件，从而具有较强的操作性。还有，BEER 方法对基本经济因素的考虑也比其他方法更全面，既考虑中长期基本经济因素有利于分析汇率的长期趋势，也考虑了短期暂时性因素方便对汇率短期波动的研究。此外，受到数据搜集等方面客观因素的影响，也很难采用 MB 和 FEER 这样的方法。因此，本文选择 BEER 作为研究方法。

第三节　人民币行为均衡汇率模型构建

一、变量的选择

国外已有较多研究成果从理论与实证两个方面都对均衡汇率的影响因素进行了较为全面和深入的探讨，其中 Macdonald 和 Montiel 的成果是比较有代表性的早期文献。Macdonald（1997）在《实际汇率的长短期决定因素》一文中，通过理论分析和推导得到了一系列决定长期实际汇率的基本经济因素。这些基本因素包括反映巴拉萨—萨缪尔森效应的劳动生产率差异、总需求差异、相对财政收支、私人部门的储蓄、石油的实际价格。Macdonald 还从非抵补的利率平价条件出发，得出短期实际汇率的影响因素：本国与外国的实际利率差、本国与外国政府债务之比。对这些长短期因素与实际汇率关系的分析成为 BEER 方法选取变量的理论基础。Clark 和 MacDonald（1998）以贸易条件、巴拉萨—萨缪尔森效应和国外净资产三个变量作为长期均衡汇率决定因素，并综合国内外实际利率差异、国内外政府债务相对供给等短期影响因素构建了 BEER 模型，对美元、马克和日元的实际有效汇率进行了实证分析。Montiel（1999）在《发展中国家的汇率失调：概念与测算》一书中，给出了均衡实际汇率决定因素的理论模型，他将影响实际汇率的因素分为四个方面：国内供给因素、财政政策因素、国际经济环境变化因素和商业政策因素。国内供给因素主要是指不同部门劳动生产率的差异；财政政策因素指政府支出在贸易品与非贸易品之间分配比例的永久性变动；国际经济环境变化因素是指贸易条件的变化、外部转移支付流量的变化、世界通货膨胀率及世界实际利率水平的变化；商业政策因素指贸易自由化程度的加深。最近的研究成果如 Ricci、Ferretti 和 Lee（2008）在《实际汇率与基本经济因素———一个跨国视角》① 中，对 48 个国家和地区的实际汇率与基本经济变量的关系进行了理论探讨与实证分析，筛选出了 6 个与实际汇率关系密切的经济变量：国外净资产、劳动生产率差异、商品贸易条件、政府支出占 GDP 的比重、贸易限制指数和价格管制。

国内对人民币均衡汇率研究的文献中，对变量的选择基本上都是依据上述有影响力的文献并结合中国的实际状况而决定的，因此，所选变量差异不大。张晓朴（2000）从生产率、投资率、外资流入占 GDP 的比重、政府支出占 GDP 的比重、国内信贷增长率、贸易差额、关税水平、开放度等多项指标中筛选出三个变量——贸易条件、开放度和政府支出占 GDP 的比重作为人民币均衡汇率的决定因素。刘莉亚、任若恩（2002）选择了我国贸易条件、政府支出比、开放度、全要素生产率、偿债率与人民币实际有效汇率等变量。施建淮、余海丰（2005）选取的经济基本面变量有：贸易条件、非贸易品与贸易品的相对价格比、对外净资产和反映贸易政策的变量。孙刚、赵新（2006）选择的变量包

---

① Ricci，Milesi‐Ferretti & Lee. Real Exchange Rates and Fundamentals：A Cross‐Country Per‐Spective. *IMF Working Paper*，No. 0813，January 2008.

括：国内生产总值、广义货币供应量、中国 CPI 变动率与美国 CPI 变动率之差、贸易开放度。吴丽华、王峰（2006）建立人民币 BEER 模型的基本经济变量确定为：劳动生产率、贸易条件、开放度、资本流动管制和货币供应量。魏巍贤、李丕东（2007）选取的实际汇率决定因素包括贸易条件、开放度、政府支出、投资变、劳动生产率、外商直接投资和广义货币增长率。胡再勇（2008）选择了贸易条件、开放度、劳动生产率、投资率、外资流入、政府支出及广义货币供应量等诸多变量构造行为均衡汇率模型。对于上述变量的最终确定，还综合考虑了这些变量数据的可获得性问题，对于其中一些没有数据来源的变量进行筛选或替代也是一般文献的通用作法。

根据以上国内外研究者关于变量选择的总结，并结合笔者在相关数据搜集方面的实际状况，本书将人民币 BEER 模型的基本经济变量确定为六个：劳动生产率、贸易条件、贸易自由化、国外净资产、政府支出和广义货币供应量。

二、基本变量对均衡汇率影响的理论分析

（一）劳动生产率

在均衡实际汇率的实证研究中，不同部门劳动生产率（Productivity，PROD）的差异被作为体现巴拉萨—萨缪尔森效应的最佳选择。传统的巴拉萨—萨缪尔森效应就是指处于经济高速增长的国家贸易品生产部门相对于非贸易品生产部门劳动生产率增长更快，从而使得贸易品部门工资水平相对提高较快，这将推动非贸易品部门工资水平的提高，但这种提高并不是部门劳动生产率提高而是生产成本提高的结果，成本的提高必然导致非贸易品价格的提高，从而使内部实际汇率升值。此外，贸易品部门劳动生产率的提高意味着该国产品国际竞争力增强，有利于改善该国的进出口贸易收支，这也将促使本国实际汇率升值。从以上两个方面来看，较高的劳动生产力对应着实际汇率的升值。因此，劳动生

产率对实际汇率的影响是正向的。在实证分析中研究者通常选择一些替代变量，如全要素生产率、制造业劳动生产率以及单位劳动力产出水平等指标替代劳动生产率。但是这些指标并不能反映一国相对于外国的劳动生产率差异。因此，还需要选择一个参照指标，本书选择单位劳动力产出水平变化率的相对指标（中国人均 GDP 与世界人均 GDP 之比）作为劳动生产率差异的替代变量。

（二）贸易条件

贸易条件（Term of Trade，TOT）是指出口商品价格指数与进口商品价格指数之比。它衡量一国单位出口商品换取国外进口商品数量的比率。这个比值提高则该国贸易条件改善，意味着单位出口品可交换的进口品数量越多，这有利于该国获取更多的贸易利益。有关贸易条件变化对实际汇率的影响多数文献认为，一国贸易条件改善，则经常账户收支状况也将改善，从而产生推动实际汇率升值的动力；反之，贸易条件恶化，将使实际汇率倾向于贬值。如 Edwards（1989）分析贸易条件对均衡实际汇率的影响时，认为贸易条件改善会产生收入和替代两种效应。在其他条件不变的情况下，一般地说，贸易条件改善会导致均衡实际汇率升值，贸易条件恶化会导致均衡实际汇率贬值。但是由于各国的实际条件不同，也可能出现相反的情形。然而 Montiel（1999）对贸易条件与实际汇率的关系则给出了不确定的判断。他认为贸易条件的改善通过改善贸易收支状况及促使对非贸易品需求的增加而倾向于使进口品的实际汇率升值，而理论模型没有给出贸易条件改善对出口品实际汇率的变动方向的影响，实证研究中则显示当贸易条件改善时出口品实际汇率总是贬值。我们暂且将贸易条件对实际汇率的影响方向视为无法确定。由于中国贸易条件的数据很难获得，在一些国内的文献中常常用替代变量，如赵登峰（2005）、吴丽华、王峰（2006）都以中国的出口总额与进口总额的比值来替代贸易条件。

（三）贸易自由化

Ricci，Ferretti 和 Lee（2008）认为贸易自由化（Trade Liberaliza-tion，TL）对解释新兴市场经济的实际汇率演变过程非常重要。贸易限制可能导致较高的国内价格和实际汇率的升值。关税的取消或降低以及多重汇率安排的消除都与显著的实际汇率贬值相关。在实证研究中，他们以贸易限制指数为贸易自由化的替代变量，并将贸易限制指数作为虚拟变量，在贸易自由化之前取值为 1，贸易自由化之后取值为 0。显然，贸易限制指数这个虚拟变量比较适合反映激进式的贸易自由化进程。而中国的改革开放是典型的渐进式，对贸易限制的取消也是逐步实施的。由于贸易限制指数不能够反映中国渐进式的贸易自由化进程，因此，本书拟采用贸易开放度（Opening）来衡量中国贸易自由化的程度，实证中以中国进出口总额占 GDP 的比重（贸易依存度指标）作为替代变量。

（四）国外净资产

国外净资产（Net Foreign Assets，NFA）水平能从两个方面影响经常账户收支状况。通常 NFA 水平较高的经济体由于有足够的对外偿付能力而能够容忍更多的经常账户赤字，这是二者的负相关关系。然而，较高水平的 NFA 意味着该经济体可以从外部获得较多的投资收益，从而可能增加经常账户顺差，这是 NFA 对经常账户的正向影响。标准的宏观经济均衡模型认为，正效应的作用更强。因此，我们认为 NFA 与经常账户正相关，从而对均衡实际汇率的影响也是正向的。在实证研究中，有的以经常账户累积值表示 NFA，有的则以净投资收益的趋势值来替代 NFA。本书采用经常账户累积法测算中国的国外净资产，并以其占 GDP 比重作为代表变量。

（五）政府支出

Macdonald（1997）认为实际汇率是一国经常账户状况的决定因素，而一国的经常账户状况又决定于国内储蓄与投资状况。因此，财政收支作为国内储蓄的重要组成部分就对实际汇率产生重要影响。在传统的蒙代尔—弗莱明模型中，紧缩的财政政策将增加一国储蓄，降低实际利率，从而产生实际汇率的一个永久性贬值，后者反过来将导致经常账户盈余的增加。从上述分析可知，政府支出（Gorvement Expenditure GE）的增加对实际汇率升值是正向的影响。在实证研究中有时也用财政赤字作为替代变量，本书则以政府支出占 GDP 比重作为实证研究的变量。

（六）广义货币供应量（Monetary Supply，M2）

根据汇率的货币主义分析方法，在其他条件不变时，本国货币供应量的一次性增加会造成在现有价格水平上的超量货币供给，从而刺激居民增加支出，由于产出不变，支出的增加会使价格水平同比例上升。在购买力平价成立的条件下，本国物价水平的上升将引起本币同幅度的对外贬值。另外，超量货币供给刺激总需求，从而使居民对进口品需求增加，这将不利于经常账户收支平衡，从而要求实际汇率贬值以恢复经常账户平衡。因此，货币供应量增加使实际汇率贬值，货币供应量减少实际汇率将升值，二者是负相关的。在本书的实证分析中选择广义货币供应量 M2 与 GDP 的比值作为代表变量。

总之，以上六个变量是影响均衡汇率的中长期基本经济变量，即是均衡汇率的解释变量。对于被解释变量均衡汇率的观测值，本书选择人民币有效汇率指数作为代理变量，因为采用的是行为均衡汇率分析方法，因此将其记作 BEER。因此，我们可以构造人民币行为均衡汇率的理论模型：

$$BEER = f(\overset{+}{PROD}, \overset{?}{TOT}, \overset{-}{TL}, \overset{+}{NFA}, \overset{+}{GE}, \overset{-}{M2}) \qquad (3.3.1)$$

其中，"＋"表示该变量与实际汇率是同向变化关系，"－"表示该变量与实际汇率是反向变化关系，"?"表示该变量对实际汇率的影响方向暂不确定。

第四节　数据来源与实证分析

一、数据来源及处理

（一）1980～2009 年年度数据来源说明

被解释变量 BEER 即人民币有效汇率指数，其数据来自于国际金融统计（IFS）。

以单位劳动力产出水平变化率的相对指标（中国人均 GDP 与世界人均 GDP 之比）替代劳动生产率差异。中国人均 GDP 数据来源于中国统计年鉴，世界人均 GDP 数据来源于联合国贸易与发展会议统计手册，并经各年度人民币对美元的平均汇率折算。

贸易条件数据来自联合国贸易与发展会议统计手册。

以中国进出口总额占 GDP 的比重即贸易依存度指标替代贸易自由化。中国进出口总额数据来自于中国海关和商务部的统计数据库，中国 GDP 数据来自于中国统计年鉴。

以国外净资产占 GDP 比重为国外净资产代理变量。国外净资产数据是采用经常账户差额累积法，基于对中国经常账户差额累积值的计算获得的，中国经常账户差额数据来自国际金融统计（IFS）。

以政府支出占 GDP 比重比作为政府支出的代理变量。政府支出数据来自中国统计年鉴。

以广义货币供应量 M2 的与 GDP 之比作为广义货币供应量的代理变量。M2 数据来源 IFS 提供的中国广义货币供应量相关数据，GDP 数据来源于中国国家统计局各年度统计公报。

（二）1994～2009 年季度数据来源说明

人民币有效汇率指数的数据来自国际清算银行数据库。

由于无法获得世界人均 GDP 季度统计数据，因此本文所用劳动生产率数据是经过世界与中国人均 GDP 年度数据推算而来，原始数据来源于 OECD 数据库。

贸易条件数据是经中经网月度数据计算而来。

贸易自由化指标是以来自中经网数据库的中国进出口总额与 GDP 数据的比值即贸易依存度的季度数据为替代变量。

以来自国家外汇管理局网站的中国经常项目半年度数据经处理得到的累积经常项目差额数据与中国 GDP 的比值作为中国国外净资产的替代变量。

以国家财政支出占 GDP 比重的季度数据为中国政府支出的替代变量，数据来自中经网数据库。

以广义货币供应量与 GDP 之比替代 M2 指标，广义货币供应量数据来自中国金融年鉴及中经网数据库。

二、实证分析

通常时间序列数据都是非平稳的，对于非平稳的时间序列不经处理直接进行回归分析，往往产生伪回归问题。为了避免出现伪回归，需要检验时间序列数据的平稳性。平稳的时间序列可以运用最小二乘法进行回归分析，而非平稳的序列则运用 Engle 和 Granger 于 1987 年提出的协整理论来分析。

（一）变量的平稳性检验

1. 单位根检验

时间序列矩特性的时变行为实际上反映了时间序列的非平稳性质。对时间序列单位根的检验就是对时间序列平稳性的检验，非平稳时间序列如果存在单位根，则一般可以通过差分的方法来消除单位根，得到平稳序列。对于存在单位根的时间序列，一般都显示出明显的记忆性和波动的持续性。

时间序列数据单位根检验的方法主要有：Dickey – Fuller（DF）检

验、Augumented Dickey – Fuller test （ADF） 检验。根据不同方法的优缺点以及使用的普遍性，我们选择 ADF 检验对序列平稳性进行检验，并采用 Schwarz 准则（Schwarz Info Criterion） 确定模型的滞后阶数。

2. 对变量平稳性的 ADF 检验过程及结果

考虑 6 个解释变量的数据数值较小，为数据分析方便，首先对数据进行简单处理。处理方法是对变量的数据序列数值扩大 100 倍并取自然对数，对被解释变量有效汇率也取自然对数，各变量分别记作 LREER、LPROD、LTOT、LTL、LNFA、LGE、LM2。

运用 EVIEWS 5.1 对变量实施 ADF 检验，检验结果如下：

表 3 – 1　ADF 检验结果（1980～2009）

变量	检验形式（C，T，L）	ADF 统计量	1% 显著水平下的临界值	5% 显著水平下的临界值	10% 显著水平下的临界值
LREER	(C, N, 1)	− 2.410675	− 3.689194	− 2.971853	− 2.625121
D（LREER）	(N, N, 0)	− 3.032970	− 2.650145	− 1.953381	− 1.609798
LPROD	(N, N, 0)	2.588632	− 2.647120	− 1.952910	− 1.610011
D（LPROD）	(N, N, 1)	− 3.562361	− 2.650145	− 1.953381	− 1.609798
LTOT	(N, N, 0)	− 1.776726	− 2.647120	− 1.952910	− 1.610011
D（LTOT）	(N, N, 1)	− 2.102413	− 2.653401	− 1.953858	− 1.609571
LTL	(C, N, 0)	− 2.133234	− 3.679322	− 2.967767	− 2.622989
D（LTL）	(N, N, 0)	− 3.705769	− 2.650145	− 1.953381	− 1.609798
LNFA	(C, T, 3)	− 3.959279	− 4.356068	− 3.595026	− 3.233456
D（LNFA）	(N, N, 2)	− 3.011310	− 2.656915	− 1.954414	− 1.609329
LGE	(N, N, 1)	− 0.649931	− 2.650145	− 1.953381	− 1.609798
D（LGE）	(N, N, 0)	− 2.697683	− 2.650145	− 1.953381	− 1.609798
LM2	(C, T, 0)	− 1.812168	− 4.309824	− 3.574244	− 3.221728
D（LM2）	(C, N, 0)	− 4.927118	− 3.689194	− 2.971853	− 2.625121

（表中，C 代表单位根检验方程中含常数项，T 代表含时间趋势项，L 代表滞后阶数，N 代表不含对应项）

表 3 - 1 是基于年度数据的 ADF 检验，结果表明变量 LPROD 与 LN-FA 是 I（0），其余均为 I（1）。

表 3 - 2　ADF 检验结果（1994Q1 ~ 2009Q4）

变量	检验形式 （C，T，L）	ADF 统计量	1% 显著水平下 的临界值	5% 显著水平下 的临界值	10% 显著水平下 的临界值
LREER	（C，T，1）	- 2.842221	- 4.113017	- 3.483970	- 3.170071
D（LREER）	（N，N，0）	- 5.038063	- 2.602794	- 1.946161	- 1.613398
LPROD	（C，T，1）	- 1.197178	- 4.113017	- 3.483970	- 3.170071
D（LPROD）	（C，N，0）	- 2.835150	- 3.540198	- 2.909206	- 2.592215
LTOT	（C，T，0）	- 2.184022	- 4.110440	- 3.482763	- 3.169372
D（LTOT）	（N，N，0）	- 7.810250	- 2.602794	- 1.946161	- 1.613398
LTL	（C，T，1）	- 1.846136	- 4.113017	- 3.483970	- 3.170071
D（LTL）	（N，N，0）	- 5.121895	- 2.602794	- 1.946161	- 1.613398
LNFA	（C，T，1）	- 1.311533	- 4.113017	- 3.483970	- 3.170071
D（LNFA）	（C，N，0）	- 4.936077	- 3.540198	- 2.909206	- 2.592215
LGE	（C，T，0）	- 2.730009	- 4.110440	- 3.482763	- 3.169372
D（LGE）	（C，N，0）	- 10.45156	- 3.540198	- 2.909206	- 2.592215
LM2	（C，N，4）	- 2.355922	- 3.546099	- 2.911730	- 2.593551
D（LM2）	（N，N，3）	- 5.375856	- 2.604746	- 1.946447	- 1.613238

（表中，C 代表单位根检验方程中含常数项，T 代表含时间趋势项，L 代表滞后阶数，N 代表不含对应项）

表 3.2 是基于季度数据的 ADF 检验，结果是 LTOT 与 LM2 为 I（0），其余变量为 I（1）。

（二）协整分析

1. 协整的 EG 两步检验法

根据变量的年度数据与季度数据的单位根检验结果可知，这些序列的线性组合有可能是平稳序列，即存在协整的可能。为此我们将对这些变量进行协整检验。从协整理论的思想来看，如果自变量和因变量之间存在协整关系，也就是说，因变量能被自变量的线性组合所解释，两者之间存在稳定的均衡关系。那么，因变量不能被自变量解释的部分构成的残差序列应该是平稳的。因此，检验一组变量（因变量和解释变量）之间是否存在协整关系相当于检验回归方程的残差序列是否是一个平稳序列。基于上述思想，Engle 与 Granger 于 1987 年提出了两步检验法，被称为 EG 两步法。EG 两步法的步骤：第一步，用 OLS 估计自变量与因变量的方程，并求出残差序列；第二步，用 DF 或 ADF 方法检验残差序列的平稳性。

2. 协整检验过程及结果

采用 EVIEWS 5.1 对变量实施协整检验，最小二乘估计结果输出如下：

表 3 - 3　基于年度数据的 OLS 回归估计结果 1

变量	系数	标准误	t 统计量	概率
C	3.432693	1.222462	2.808016	0.0100
LPROD	0.486537	0.110968	4.384499	0.0002
LTOT	0.498050	0.194213	2.564448	0.0173
LTL	-0.353248	0.115588	-3.056101	0.0056
LNFA	0.025540	0.029023	0.879992	0.3880
LGE	0.467283	0.118083	3.957234	0.0006
LM2	-0.529068	0.147077	-3.597224	0.0015

表 3 - 4　基于季度数据的 OLS 回归估计结果 1

变量	系数	标准误	t 统计量	概率
C	5.407652	0.808789	6.686107	0.0000
LPROD	0.289581	0.027557	10.50845	0.0000
LTOT	0.384166	0.094273	4.075045	0.0001
LTL	-0.239928	0.030416	-7.888168	0.0000
LNFA	0.001267	0.007318	0.173176	0.8631
LGE	0.052129	0.019351	2.693802	0.0093
LM2	-0.441838	0.110787	-3.988181	0.0002

考虑上述回归结果显示 LNFA 对 LREER 的影响不显著，因此，将 LNFA 剔除，用其余变量构造协整方程，如下：

表 3 - 5　基于年度数据的 OLS 回归估计结果 2

变量	系数	标准误	t 统计量	概率
C	3.039792	1.132630	2.683798	0.0130
LPROD	0.549745	0.084186	6.530156	0.0000
LTOT	0.548012	0.184854	2.964562	0.0067
LTL	− 0.342473	0.114396	− 2.993748	0.0063
LGE	0.465990	0.117518	3.965272	0.0006
LM2	− 0.528647	0.146383	− 3.611395	0.0014

表 3 - 6　基于季度数据的 OLS 回归估计结果 2

变量	系数	标准误	t 统计量	概率
C	5.459558	0.744894	7.329309	0.0000
LPROD	0.291487	0.025051	11.63568	0.0000
LTOT	0.382728	0.093118	4.110147	0.0001
LTL	− 0.240278	0.030094	− 7.984180	0.0000
LGE	0.053370	0.017824	2.994325	0.0040
LM2	− 0.450649	0.097586	− 4.617988	0.0000

对回归残差序列进行 ADF 检验结果输出如下：

表 3 - 7　基于年度数据协整方程的残差序列 ADF 检验结果

			t 统计量	概率
	ADF 统计量		− 4.134293	0.0002
临界值	1% 置信水平		− 2.650145	
	5% 置信水平		− 1.953381	
	10% 置信水平		− 1.609798	

表 3 - 8　基于季度数据协整方程的残差序列 ADF 检验结果

			t 统计量	概率
ADF 统计量			- 4. 920073	0. 0001
临界值	1% 置信水平		- 3. 538362	
	5% 置信水平		- 2. 908420	
	10% 置信水平		- 2. 591799	

上述检验过程及结果表明，基于年度数据和季度数据的 LREER 与相应的基本经济变量之间均存在着协整关系，协整方程分别为：

$$LREER = 3.039792 + 0.5497453353 * LPROD + 0.5480121063 * LTOT$$
$$- 0.3424726226 * LTL + 0.4659896772 * LGE - 0.5286473207 * LM2 \tag{3.4.1}$$

$$LREER = 5.459557739 + 0.2914872708 * LPROD +$$
$$0.3827281836 * LTOT - 0.2402779941 * LTL +$$
$$0.05337027921 * LGE - 0.4506494068 * LM2 \tag{3.4.2}$$

式（3.4.1）是基于年度数据的协整方程，所有变量系数均是显著的，说明所选取的基本经济因素对于实际有效汇率具有很强的解释能力。如 LPROD 的弹性系数约为 0.5497，即劳动生产率每提高 1% 将带动实际有效汇率升值 0.5497%；LTL 的弹性系数为 - 0.3425，则贸易自由化程度每提高 1% 将使实际有效汇率贬值 0.3425%。

式（3.4.2）则是基于季度数据的协整方程，各解释变量的显著性参看表 3 - 6，所有变量的系数均是显著的。如 LPROD 的弹性系数约为 0.2915，即劳动生产率每提高 1% 将带动实际有效汇率升值 0.2915%；LTL 的弹性系数为 0.2403，则贸易自由化程度每提高 1% 将使实际有效汇率贬值 0.2403%。

式（3.4.1）与式（3.4.2）的结果表明，劳动生产率、贸易条件和政府支出对实际有效汇率的影响方向都是正向的；贸易自由化与广义货币供应量对实际有效汇率的影响方向都是负向的。多数变量的系数与理论分析中变量系数的取值方向一致。贸易条件的系数是正的，表明中国贸易条件改善人民币实际汇率将升值，这与 Edwards 对贸易条件的分析结论是一致的。

第五节　人民币均衡汇率及汇率失调的测算及结果分析

一、人民币均衡汇率及汇率失调的测算

根据第二章中 MacDonald 和 Clark 的行为均衡汇率理论可知，行为均衡汇率就是对实际有效汇率与其相关的基本经济变量建立起行为关系模型，并通过计量经济学方法估计而得到的估计值。他们还进一步区分了当前均衡汇率与长期均衡汇率的概念。其中由基本经济变量的当前值代入协整方程得到的估计值为当前均衡汇率，将基本经济变量的长期均衡值代入协整方程得到的估计值为长期均衡汇率。对应的则有当前汇率失调和长期汇率失调。

（一）当前均衡汇率与当前汇率失调

将基本变量的当前值代入协整方程，即可得到当前均衡汇率（current equilibrium rate）当前均衡汇率记作 $CREER$ 。但由于代理变量为实际汇率及基本变量的自然对数形式，因此对应的协整方程估计得到的值是当前均衡汇率的自然对数形式，记作 $CLREER$，经换算可得 $CREER$ 。

$$
\begin{aligned}
CLREER = {}& 3.03979195 + 0.5497453353 * LPROD \\
& + 0.5480121063 * LTOT - 0.3424726226 * LTL + 0.4659896772 * LGE \\
& - 0.5286473207 * LM2 \quad\quad\quad\quad\quad\quad\quad\quad (3.5.1)
\end{aligned}
$$

$$
\begin{aligned}
CLREER = {}& 5.459557739 + 0.2914872708 * LPROD \\
& + 0.3827281836 * LTOT - 0.2402779941 * LTL + 0.05337027921 * LGE \\
& - 0.4506494068 * LM2 \quad\quad\quad\quad\quad\quad\quad\quad (3.5.2)
\end{aligned}
$$

当前均衡汇率 $CREER$ 与实际有效汇率 $REER$ 对比图如下：

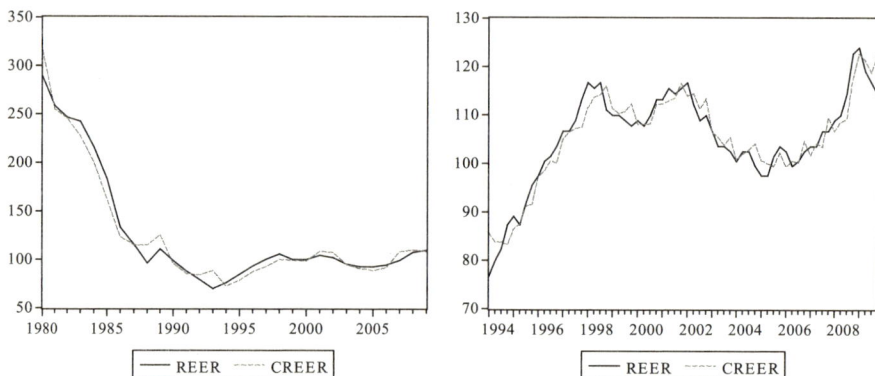

图 3 – 2　当前均衡汇率与实际有效汇率对比图

当前汇率失调（Current Misalignment）为实际有效汇率的观测值 *REER* 与当前均衡汇率 *CREER* 的差,记作 *CMT* 。

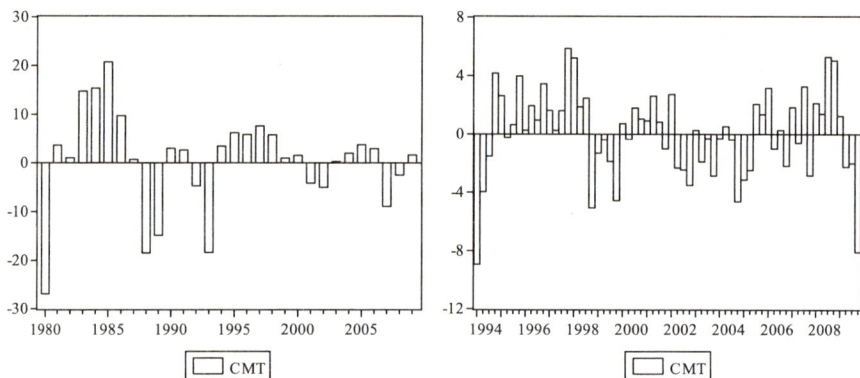

图 3 – 3　当前汇率失调状况图

（二）长期均衡汇率与长期汇率失调

基本经济因素长期均衡值代入协整方程,可得长期均衡汇率（Long – term Equilibrium Rate）,记作 *EREER* 。同样的,协整方程估计得到的值也为长期均衡汇率的自然对数形式,记作 *ELREER*,经换算可得 *EREER*。对应的长期汇率失调是实际观测到的汇率 *REER* 与基本经济因素可持续的长期值所确定的长期均衡汇率 *EREER* 之差,又称总的汇率失调水平（Total Misalignment）,记作 *TMT* 。

对长期均衡汇率的估计,首先要确定基本经济变量的长期均衡值,即剔除周期性因素。通常可以采用移动平均法、BP 滤波方法、BN 分解法以及 HP 滤波方法。本书选择 HP 滤波方法确定基本经济变量的长期均衡值。

$$ELREER = 3.03979195 + 0.5497453353 * HPLPROD +$$
$$0.5480121063 * HPLTOT - 0.3424726226 * HPLTL$$
$$+ 0.4659896772 * HPLGE - 0.5286473207 * HPLM2 \quad (3.5.3)$$

$$ELREER = 5.459557739 + 0.2914872708 * HPLPROD$$
$$+ 0.3827281836 * HPLTOT - 0.2402779941 * HPLTL$$
$$+ 0.05337027921 * HPLGE - 0.4506494068 * HPLM2$$
$$(3.5.4)$$

长期均衡汇率 EREER 与实际有效汇率 REER 对比图如下：

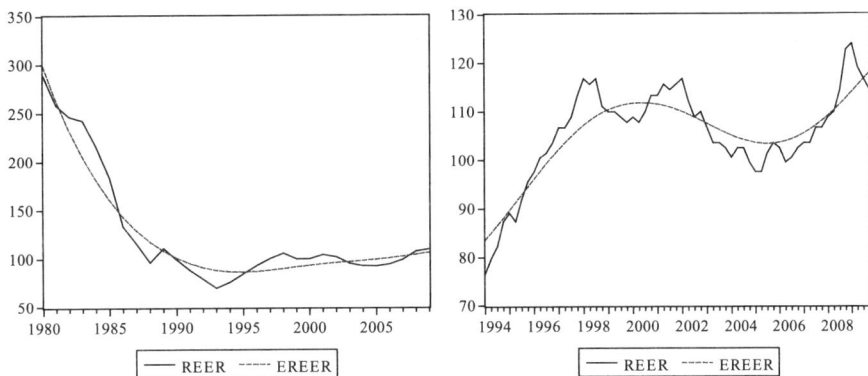

图 3-4 长期均衡汇率与实际有效汇率对比图

长期汇率失调 TMT 如下：

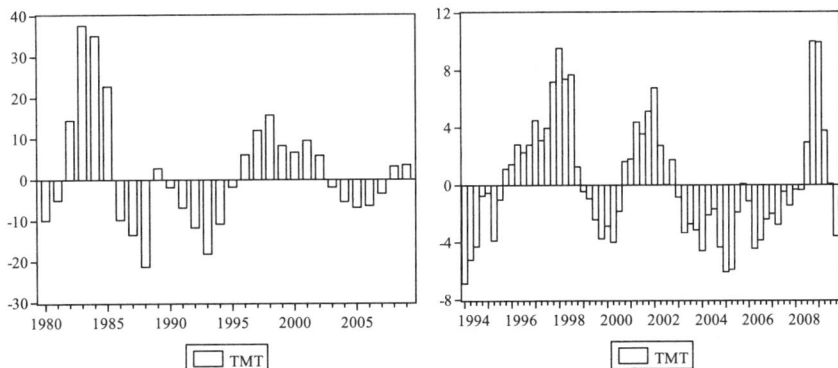

图 3-5 长期汇率失调状况图

二、测算结果分析

通过对图 3 - 2 与图 3 - 4 比较可知，当前均衡汇率 *CREER* 与长期均衡汇率 *EREER* 总体趋势相同，*CREER* 比较 *EREER* 短期波动明显。这表明均衡汇率也是受到短期因素冲击的，有显著的周期性特征，而通过 HP 滤波处理得到的 *EREER* 趋势平滑了许多，体现了基本变量在长期均衡状态下对均衡汇率的影响。相应地，图 3 - 3 与图 3 - 5 的比较体现的当前汇率失调 *CMT* 与长期汇率失调 *TMT* 的关系与上述结论相近，*CMT* 波动性强，*TMT* 相对平滑稳定。因此，对人民币实际均衡汇率及汇率失调的测算结果分析将主要依据剔除了短期波动性的长期均衡汇率及长期汇率失调。

总体来看，人民币实际有效汇率及长期均衡汇率在观测期明显地划分为两大阶段：一是 1980～1993 年人民币实际有效汇率及长期均衡汇率持续快速地单边下行的阶段。这与我国当时实施的固定汇率安排及人民币人为定值偏高直接相关。二是 1993 年以后人民币实际有效汇率及长期均衡汇率处于波动状态并呈现缓慢上升的趋势，实际有效汇率以长期均衡汇率为轴上下波动并且波动幅度有限。这个时期我国汇率制度改革使得汇率市场化程度不断加深，人为高估得以纠正。该阶段长期均衡汇率的缓慢上升趋势体现了此期间我国综合国力的提升，这主要表现为我国人均 GDP 相对世界人均 GDP 的增长，即我国劳动生产率的相对提升，而对长期均衡汇率有较强向下影响力因素主要是我国贸易自由化程度的不断加深及广义货币供应量的增加。

基于年度数据的结果显示：1980～1994 年间，人民币汇率失调程度较高；1980～1981 年间人民币实际有效汇率处于低估状态，接下来四年处于高估状态；1986～1995 年间实际有效汇率长期处于低估状态，1988 年低估程度最高时达到 21.26%，十年间平均低估程度为 9.27%；1996～2002 年实际有效汇率处于高估状态，1998 年高估程度最高为

15.69%，七年间平均高估程度为 9.15%；2003～2007 年间实际有效汇率处于低估状态，2005 年低估程度最高为 6.84%，五年间平均低估 4.77%。

通过对图 3－4 与图 3－5 中基于年度数据和季度数据的测算结果的对比，在相同的时间段内，即 1994～2009 年期间，均衡汇率走势及汇率失调程度十分相近，季度数据分析结果体现了更详尽的信息。因此，对于此期间的分析将主要依据基于季度数据的测算结果，此前期间主要依据基于年度数据的测算结果。

基于季度数据的结果显示 1994Q1～2009Q4 期间人民币实际有效汇率失调的基本情况，经历了从低估到高估循环往复的七个阶段。

第一阶段：1994Q1～1995Q3，历时 7 个季度，人民币实际有效汇率低估程度最大是 1994Q1 为 6.86%，最小是 1995Q1 为 0.53%，平均低估 3.21%。

第二阶段：1995Q4～1998Q4，历时 13 个季度，人民币实际有效汇率高估程度最大是 1998Q1 为 9.54%，最小是 1995Q4 为 1.13%，平均高估 4.24%。

第三阶段：1999Q1～2000Q3，历时 7 个季度，人民币实际有效汇率略有低估平均为 2.32%，低估程度最大是 2000Q2 为 4.00%，最小是 1999Q1 为 0.45%。

第四阶段：2000Q4～2002Q4，历时 9 个季度，人民币实际有效汇率平均高估 3.09%，高估程度最大是 2002Q1 为 6.77%，最小是 2002Q3 为 0.03%。

第五阶段：2003Q1～2008Q2，历时 22 个季度，人民币实际有效汇率略有低估平均为 2.53%，低估程度最大是 2005Q1 为 6.07%，最小是 2008Q1 为 0.31%。

第六阶段：2008Q3～2009Q3，历时 5 个季度，人民币实际有效汇率平均高估 5.35%，高估程度最大是 2008Q4 为 10.00%，最小是

2009Q3 为 0.07%。

第七阶段：2009Q4 人民币实际有效汇率低估程度是 3.59%。

图 3 - 6 是对整个观测期汇率失调的统计特征的分析，结果表明：尽管存在着阶段性的高估与低估，但是总体汇率失调的均值较小为 0.1846%，波动性也较小为 4.0765%。并且高估与低估是比较均匀地交替出现的，说明实际有效汇率有较强的自我修正能力。因此，可以认为观测期人民币实际有效汇率基本处于均衡状态。

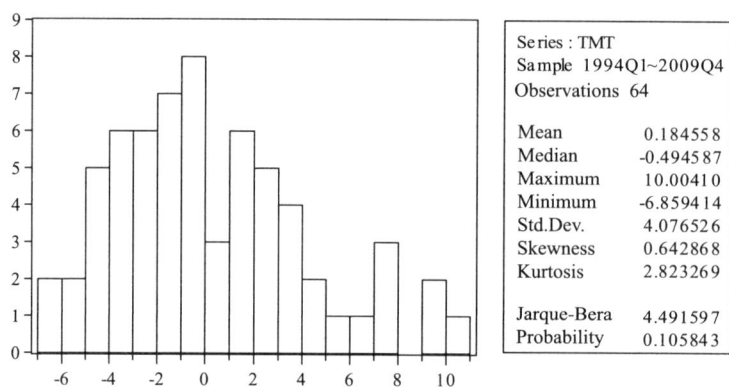

| Series : TMT |
| Sample 1994Q1~2009Q4 |
| Observations 64 |

Mean	0.184558
Median	-0.494587
Maximum	10.00410
Minimum	-6.859414
Std.Dev.	4.076526
Skewness	0.642868
Kurtosis	2.823269
Jarque-Bera	4.491597
Probability	0.105843

图 3 - 6　TMT 序列的直方图和描述统计量

依据对人民币实际有效汇率及相关的基本经济变量在 1994 ~ 2009 年间的季度数据的计量分析，得出如下结论：

首先，被解释变量人民币实际有效汇率与所选择的解释变量存在着协整关系，其中劳动生产率、贸易条件与政府支出对有效汇率有正向的影响，弹性系数分别是 0.2915、0.3827 和 0.0534。劳动生产率的提升是人民币均衡汇率提升的主要原因。贸易自由化与广义货币供应量对有效汇率的影响是负向的，其中贸易自由化的弹性系数为 - 0.2403，表明我国对外开放程度的加深对人民币均衡汇率产生下降的压力；广义货币供应量的弹性系数为 - 0.4506，说明宽松的货币政策倾向于使均衡汇率下降。在众多变量中只有国外净资产对均衡汇率的影响不显著。

其次，测算结果显示 1994 年至今人民币长期均衡汇率存在着一个总体上升的趋势。对应于此，我国人均 GDP 相对世界人均 GDP 的比值呈持续上升之势，这是我国综合国力提升的体现。长期均衡汇率的上升趋势表明均衡汇率也是体现一国综合国力的重要指标。

最后，测算结果表明在观测期人民币实际有效汇率交替出现低估与高估的现象，但是人民币实际有效汇率与长期均衡汇率之间的长期趋势是吻合的，总体上不存在严重的汇率失调。这个结果与秦宛顺等（2004）的测算结果基本一致。因此，既然在观测期内人民币汇率不存在严重的失调，也就不必要为此人为地实施汇率调整。正确处理对人民币升值的外界舆论，避免形成汇率调整的预期将有助于实现汇率的均衡，从而为我国内外经济均衡创造良好的外部环境。

第四章　人民币汇率制度演变与国内物价水平变动状况回顾

对人民币汇率均衡值及失调程度的测算解决了人民币汇率是否失调的问题，为了进一步探讨人民币汇率与国内物价水平之间的变动关系，对人民币汇率制度及国内物价水平变动状况作历史回顾，从中探寻两者之间可能存在的内在联系是非常必要的。事实上，在1994年人民币汇率制度改革以前，人民币汇率处于高度管制状态，汇率变动对国内物价水平的影响力有限。随着人民币汇率制度市场化程度的加深以及我国经济对外依赖程度的提升，汇率变动对国内物价的影响日趋显著。

第一节　人民币汇率制度演变历史

一、改革开放以前的人民币汇率安排

新中国成立以来至改革开放以前，我国人民币汇率安排大致经历了三个发展阶段。

（一）第一阶段（1950～1952年）

在布雷顿森林体系下，西方各国货币都规定有含金量。而人民币没有规定含金量。因此，对西方国家货币的汇率，最初不是按两国货币的黄金平价来确定，而是以"物价对比法"作为基础来计算的。也就是说，新中国成立初期人民币汇率制定的依据是物价水平，这是一种比较市场化的汇率安排。

新中国成立初期，由于国民党统治时期遗留下来的恶性通货膨胀和其他因素的影响，我国物价节节上涨。如上海批发物价指数以1949年6月为100，到1950年3月则上涨至2242.93。由于国内物价上涨、国外物价趋跌的价格对比关系，根据前述政策要求，我国人民币对美元汇率由1949年1月18日的1美元兑换80元旧人民币，调低至1950年3月13日的1美元兑换42000元旧人民币，在一年零一个月的时间内，人民币汇率下调49次。至于和其他外汇的汇率，则是根据它们对美元的汇率进行间接套算的结果。

从1950年3月至1952年年底，随着国内物价由上涨转变为下降，同时美国对朝鲜发动了侵略战争，大量抢购战备物资，美国及其盟国接连宣布一系列对我国采取"封锁禁运"的措施，在这种情况下，我国必须降低外汇汇率，以利于推动本国进口。因此，根据当时形势发展的需要，我国汇率政策的重点也由"推动出口"改变为"进出口兼顾"，并逐步调高人民币汇率。1952年12月，人民币汇率调高至1美元兑换26170元旧人民币。

这一时期，我国对外贸易对象主要是美国，对外贸易主要由私营进出口商经营。人民币汇率的及时调整，可以调节进出口贸易，保证出口的增长。

（二）第二阶段（1953~1972年）

自1953年起，我国进入有计划的社会主义建设时期。由于这一时期我国实行的是高度集中的计划经济，因此，外贸盈亏全由国家财政负担与平衡。当时我国工业品成本高，而国际市场价格相对较低，因此，外贸系统采取了进出口统一核算的方法。在这种情况下，人民币汇率仅仅是用于内部核算的工具，不具有调节进出口贸易的作用。计划经济也要求对人民币的汇率采取基本稳定的政策，以利于企业内部的核算和各种计划的编制和执行。与此同时，国际货币体系正处于布雷顿森林体系阶段，各国普遍实行固定汇率制度。因此，我国人民币汇率也基本处于相对固定状态。

1955年3月1日,我国实施币制改革按照1:10000折合比率发行新人民币。自采用新人民币后,1955年至1971年,人民币对美元汇率一直稳定在1美元折合2.4618元新人民币。1971年12月18日,美元兑黄金官价宣布贬值7.89%,人民币汇率相应上调为1美元折合2.2673元人民币。

这一时期人民币汇率政策采取了稳定的方针,即在原定的汇率基础上,参照各国政府公布的汇率制定,逐渐同物价脱离。但这时国内外物价差距扩大,进口与出口的成本悬殊,于是外贸系统采取了进出口统负盈亏、实行以进口盈利弥补出口亏损的办法,人民币汇率对进出口的调节作用减弱。

(三)第三阶段(1973~1978年)

1973年布雷顿森林体系崩溃,各国放弃了固定汇率安排转而普遍实行了浮动汇率制。为了缓冲汇率波动对我国经济的冲击,我国也选择了频繁地调整人民币汇率的安排(仅1978年人民币对美元的汇率就调整了61次)。而且在计算人民币汇率时,采用了盯住加权的"一篮子"货币办法,所选用的"篮"中货币都是在我国对外贸易的计价货币中占比重较大的外币,并以这些货币加权平均汇价的变动情况,作为人民币汇率相应调整的依据。

这一时期人民币汇率政策的直接目标仍是维持人民币的基本稳定,针对美元危机不断发生且汇率持续下浮的状况,人民币汇率变动较为频繁,并呈逐渐升值之势:1972年为1美元兑换2.24元人民币;1973年1美元兑换2.005元人民币;1977年为1美元兑换1.755元人民币。

自20世纪50年代中期以来,由于我国一直实行的是传统社会主义计划经济,对外自我封闭,对内高度集权。直至20世纪80年代初,国家外汇基本上处于零储备状态,外贸进出口主要局限于社会主义国家,且大体收支平衡,国内物价水平也被指令性计划所冻结,尽管人民币汇率严重高估,但它并未带来明显的消极影响。

二、改革开放以后的人民币汇率安排

改革开放以后,我国人民币汇率安排大致经历了五个发展阶段:

(一) 第一阶段(1979~1984 年)

1979 年我国开始对外贸管理体制进行改革,对外贸易由国营外贸部门一家经营改为多家经营。由于我国的物价一直由国家计划规定,长期没有变动,许多商品价格偏低且比价失调,形成了国内外市场价格相差悬殊且出口亏损的状况,这就使人民币汇率不能同时照顾到贸易和非贸易两个方面。为了适应上述外贸管理体制改革的需要,国务院决定从 1981 年起实行双重汇率制度,即同时存在两个汇率:其一是官方牌价,用作非贸易外汇结算价;其二是贸易外汇内部结算价。当时人民币汇率官方牌价为 1 美元兑换 1.5 元人民币;贸易外汇内部结算价为 1 美元兑换 2.80 元人民币。前者主要适用于非贸易外汇的兑换和结算;后者主要适用于进出口贸易及贸易从属费用的结算,且仍沿用原来的"一篮子"货币加权平均的计算方法。这种汇率安排从 1981 年 1 月一直持续到 1984 年 12 月。在此期间由于美元逐步升值,我国相应调低了公布的人民币官方外汇牌价,使之同贸易外汇内部结算价逐渐接近。1984 年年底公布的人民币外汇牌价已调至 1 美元兑换 2.7963 元人民币,与贸易外汇内部结算价持平。

(二) 第二阶段(1985~1990 年)

双重汇率制度是显而易见的带有歧视性的差别汇率政策,自然招致贸易伙伴国的反对,不符合国际货币基金组织关于汇率制度的原则,双重汇率安排也加重了我国财政补贴负担。同时,我国官方外汇牌价几经调整也与贸易内部结算价持平,贸易内部结算价失去了存在的意义。1985 年 1 月 1 日,我国宣布取消贸易外汇内部结算价,统一为 1 美元兑换 2.80 元人民币的单一汇率安排。

事实上，早在 1980 年我国就推行了外汇调剂业务，外汇调剂价格由贸易内部结算价加上 10% 的上涨幅度确定。这与当时的官方牌价、贸易内部结算价已构成了多重汇率。所以，取消贸易内部结算价后，由于调剂价的存在，双重汇率依然没有消除。尤其是 1986 年外汇调剂业务在全国范围内全面展开，外汇调剂价的影响力显著上升，又形成了统一的官方牌价与千差万别的市场调剂汇价并存的双重汇率制。并且由于当时全国各地的外汇调剂市场各自为政，市场汇率水平不尽相同，双重汇率演变成官方汇率与多种市场汇率并存的多重汇率制。

进入 20 世纪 80 年代中期以后，我国物价上涨速度加快，而西方国家控制通货膨胀取得一定成效。在此情况下，我国政府有意识地运用汇率政策调节经济与外贸，对人民币汇率作了相应持续下调。1985 年 8 月 21 日，人民币汇率调低至 1 美元兑换 2.90 元人民币；同年 10 月 3 日，再次调低至 1 美元兑换 3.00 元人民币；同年 10 月 30 日，又调至 1 美元兑换 3.20 元人民币。

从 1986 年 1 月 1 日起，人民币放弃"一篮子货币"的做法，改为管理浮动。其目的是要使人民币汇率适应国际价值的要求，且能在一段时间内保持相对稳定。

1986 年 7 月 5 日，人民币汇率再度大幅调低至 1 美元兑换 3.7036 元人民币。1989 年 12 月 16 日，人民币汇率又一次的大幅下调，由此前的 1 美元兑换 3.7221 元人民币调至当日的 4.7221 元人民币。1990 年 11 月 17 日，人民币汇率再次大幅下调，并由此前的 4.7221 调至当日的 5.2221 元人民币。

从改革开放以后至 1991 年 4 月 9 日的十余年间，人民币汇率政策的特点表现为以下几个方面：一是分别实施过贸易外汇内部结算价与公布牌价并存的双重汇率体制、官方汇率与市场汇率并存的多重汇率体制；二是公布的人民币官方汇率按市场情况调整，且呈大幅贬值趋势，这与同期人民币对内实际价值大幅贬值以及我国的国际收支状况是基本相适应的；三是在人民币官方汇率的调整机制上，做过多种有益的尝试，如盯住"一篮子"货币的小幅逐步调整方式以及一次性大幅调整的方式，这些为以后实施人民币有管理的浮动汇率制度奠定了基础；四是市场汇率的机制逐步完善；五是市场汇率的调节作用在我国显得越来越大。

（三）第三阶段（1991～1993 年）

自 1991 年 4 月 9 日起，我国开始对人民币官方汇率实施有管理的浮动运行机制。国家对人民币官方汇率进行适时适度、机动灵活、有升有降的浮动调整，改变了以往阶段性大幅度调整汇率的做法。实际上，人民币汇率实行公布的官方汇率与市场汇率（外汇调剂价格）并存的多重汇率制度。我国人民币有管理的浮动汇率制度主要指人民币官方汇率有管理的浮动，其基本特点是：我国的外汇管理机关即国家外汇管理局根据我国改革开放与发展的状况，特别是对外经济活动的要求，参照国际金融市场主要货币汇率的变动情况，对公布的人民币官方汇率进行适时适度、机动灵活、有升有降的浮动调整。在两年多的时间里，官方汇率数十次小幅调低，但仍赶不上水涨船高的出口换汇成本和外汇调剂价。

（四）第四阶段（1994～2005 年）

1994 年 1 月 1 日起，我国实行外汇管理体制的重大改革。取消外汇收支的指令性计划，取消外汇留成和上缴，实行银行结汇、售汇制度，禁止外币在境内计价、结算和流通，建立银行间外汇交易市场，改革汇率形成机制。同时实施人民币汇率并轨，即将官方汇率与外汇调剂市场价格合二为一，实行以市场供求为基础的、单一的、有管理的浮动汇率制度。1993 年 12 月 31 日，官方汇率 1 美元兑换人民币 5.8 元，外汇调剂市场汇率为 1 美元兑换人民币 8.7 元左右，合并后人民币对美元的汇率定为 1 美元兑换 8.70 元人民币。

随着改革开放的不断深入，我国外汇管理体制相继进行了一系列重大的改革，尤其是1994年外汇体制改革后，我国政府承诺：在2000年之前，将实现经常项目下人民币可兑换。

事实上，1994年我国已开始实行人民币在经常项目下"有条件"的可兑换，并已消除了国际货币基金组织规定中的绝大多数限制，如歧视性货币措施或多重汇率安排已完全废除，而绝大多数经常项目交易的用汇和资金转移也不再受到限制。

1996年4月1日开始实施的《中华人民共和国外汇管理条例》，消除了若干在1994年后仍保留的经常账户下非贸易非经营性交易的汇兑限制；1996年7月，又消除了因私用汇的汇兑限制，扩大了供汇范围，提高了供汇标准，超过标准的购汇在经国家外汇管理局审核后即可购汇；1996年7月1日，我国将外商投资企业也全面纳入全国统一的银行结售汇体系，从而取消了1994年外汇体制改革后尚存的经常项目汇兑限制。

1996年11月27日，中国人民银行正式致函国际货币基金组织：中国将不再适用《国际货币基金组织协定》第14条第2款所规定的过渡性安排，并正式宣布：自1996年12月1日起，我国将接受《国际货币基金组织协定》第8条第2款、第3款和第4款的义务，实现人民币经常项目可兑换，从此不再限制不以资本转移为目的的经常性国际交易支付和转移，不再实行歧视性货币安排和多重汇率制度。

2001年11月17日，中国人民银行副行长、国家外汇管理局副局长郭树清指出，根据中美1998年签订的有关协议，中国承诺将扩大人民币汇率弹性。因此，如果现在中国选择盯住其他币种或采取"一篮子"货币联系汇率制度，不但会违背承诺，还是一种后退。增加汇率弹性是现实的选择。中国现阶段仍将以稳定汇率为主，同时用足每日3‰的汇率浮动区间，使市场逐渐适应汇率波动。今后将采取措施，提高人民币汇率生成机制的市场化程度，如有效利用银行间市场汇率浮动区间、调整银行结售汇周转头寸管理政策、进一步完善结汇制度等。

（五）第五阶段（2005～2010 年）

2005 年 7 月 21 日，中国人民银行发布〔2005〕第 16 号文《中国人民银行关于完善人民币汇率形成机制改革的公告》。主要内容如下："（1）自 2005 年 7 月 21 日起，我国开始实行以市场供求为基础、参考一篮子货币进行调节、有管理的浮动汇率制度。人民币汇率不再盯住单一美元，形成更富弹性的人民币汇率机制。（2）中国人民银行于每个工作日闭市后公布当日银行间外汇市场美元等交易货币对人民币汇率的收盘价，作为下一个工作日该货币对人民币交易的中间价格。（3）2005 年 7 月 21 日 19：00 时，美元对人民币交易价格调整为 1 美元兑8.11 元人民币，作为次日银行间外汇市场上外汇指定银行之间交易的中间价，外汇指定银行可自此时起调整对客户的挂牌汇价。（4）现阶段，每日银行间外汇市场美元对人民币的交易价仍在人民银行公布的美元交易中间价上下千分之三的幅度内浮动，非美元货币对人民币的交易价在人民银行公布的该货币交易中间价上下一定幅度内浮动。中国人民银行将根据市场发育状况和经济金融形势，适时调整汇率浮动区间。同时，中国人民银行负责根据国内外经济金融形势，以市场供求为基础，参考篮子货币汇率变动，对人民币汇率进行管理和调节，维护人民币汇率的正常浮动，保持人民币汇率在合理、均衡水平上的基本稳定，促进国际收支基本平衡，维护宏观经济和金融市场的稳定。"这一次的人民币汇率安排改革的核心是放弃单一盯住美元，改为盯住"一篮子"货币，以建立调节自如、管理自主的、以市场供求为基础的、更富有弹性的人民币汇率机制。

2005 年 7 月汇率形成机制改革以来，人民币兑美元呈现出持续升值的走势。尽管此次汇率制度改革放弃单一盯住美元改为盯住"一篮子"货币，但是美元在人民币汇率盯住的"一篮子"货币中权重较大，因此美元兑人民币的走势仍然是重要的指标。

1. 人民币兑美元名义汇率的走势

汇改揭开了人民币兑美元名义汇率持续升值的序幕。汇改初期（2005 年 7 月 21 日至 7 月底）仅 10 天，人民币兑美元名义汇率就从 8.2768 元人民币/美元升值至 8.2369 元人民币/美元，升值 0.48%；8 月份进一步升值至 8.1019，升值 1.64%。其后人民币兑美元名义汇率升值速度有所放缓，但仍呈现出快速升值趋势，至 2008 年 7 月三年人民币兑美元名义汇率已升值至 6.84 元人民币/美元，累计升值 17.36%。

金融危机的突发阻止了人民币持续升值的步伐。2007 年美国次贷危机突然爆发，危机进一步蔓延成为全球金融危机。金融危机从 2008 年下半年开始对我国金融市场、实体经济产生负面冲击，我国出口增速从 2008 年 7 月开始出现回落。为了应对金融危机，2008 年 7 月以来人民币对美元名义汇率基本保持在 6.83～6.84 元人民币/美元的水平。

2. 人民币有效汇率的走势

2005 年 7 月以来，人民币名义有效汇率和实际有效汇率都经历了先升值后贬值的变动趋势。2005 年 7 月～2009 年 3 月，人民币有效汇率持续升值。这个阶段，人民币名义有效汇率和实际有效汇率出现了长达 44 个月的升值区间。其中，人民币名义有效汇率从 100.94 上升至 122.88，升值 21.74%；实际有效汇率从 99.61 上升至 126.06，升值 26.55%。

2009 年 3 月～2009 年 11 月，人民币有效汇率快速贬值。2009 年 3 月以来，由于美国金融危机负面冲击显现，美元兑欧元和日元汇率持续大幅度贬值，拉动人民币有效汇率水平也出现了短时期的贬值走势。2009 年 3 月至 11 月，人民币名义有效汇率数值从 122.88 下降至 110.91，贬值 9.74%，人民币实际有效汇率指数从 126.06 下降至 113.4，贬值 9%。

2010 年 6 月 19 日，中国人民银行新闻发言人发表谈话表示进一步推进人民币汇率形成机制改革，增强人民币汇率弹性。2005 年 7 月 21

日起，我国开始实行以市场供求为基础、参考"一篮子"货币进行调节、有管理的浮动汇率制度。几年来，人民币汇率形成机制改革有序推进，取得了预期的效果，发挥了积极的作用。在国际金融危机最严重的时候，许多国家货币对美元大幅贬值，而人民币汇率保持了基本稳定，为抵御国际金融危机发挥了重要作用，为亚洲乃至全球经济的复苏作出了巨大贡献，也展示了我国促进全球经济平衡的努力。

当前全球经济逐步复苏，我国经济回升向好的基础进一步巩固，经济运行已趋于平稳，有必要进一步推进人民币汇率形成机制改革，增强人民币汇率弹性。进一步推进人民币汇率形成机制改革，重在坚持以市场供求为基础，参考"一篮子"货币进行调节。继续按照已公布的外汇市场汇率浮动区间，对人民币汇率浮动进行动态管理和调节。

第二节　国内物价水平变动状况回顾

1978 年改革开放以来，我国经历过多次通货膨胀，分别发生在 1980 年、1984 ~ 1989 年、1993 ~ 1995 年、2003 ~ 2008 年。1998 ~ 2002 年我国还出现了长达 5 年的通货紧缩，价格水平上涨率一直处于 0 附近。2008 年下半年开始，受次贷危机引发的全球金融危机影响，我国物价指数持续下降，再次出现了通货紧缩的迹象。表 4 - 1 给出了我国自 1978 年以来消费物价指数的统计数据，从中可以看到我国物价水平的变动情况。

表 4 - 1　我国 CPI 年度数据表（同比数据）

年份	1978	1979	1980	1981	1982	1983	1984	1985	1986	1987	1988
CPI	100.7	101.9	107.5	102.5	101.9	101.5	109.3	109.3	106.5	107.3	111.8
年份	1989	1990	1991	1992	1993	1994	1995	1996	1997	1998	1999
CPI	118	103.1	103.4	106.4	114.7	124.1	117.1	108.3	102.8	99.2	98.6
年份	2000	2001	2002	2003	2004	2005	2006	2007	2008	2009	
CPI	100.4	100.7	99.2	101.2	103.9	101.8	101.5	104.8	105.9	99.3	

资料来源：中国国家统计局统计数据库。

一、通货膨胀时期

（一）1980 年的通货膨胀及其治理

1980 年，我国社会商品零售价格上涨率达到 7.5%，出现了自改革开放以来的第一次通货膨胀。由于我国在长期计划经济体制下物价稳定是一种常态，因此当物价呈现 7.5% 的上涨时，无论是政府还是居民个人对这个物价上涨都非常敏感。1980 年 12 月，国务院发出《关于严格控制物价、整顿议价的通知》，采取多方面措施严控物价。本次物价上涨的主要原因是改革开放初期，国家将工作中心转移到经济建设上，从而形成短期内投资迅速膨胀、消费支出过度扩张以及财政赤字增加等经济过热现象。针对上述问题，国家采取了坚决遏制投资增长、削减政府支出、增加消费品供应等调控措施。经过一个阶段的调整，这次始于扩张性经济政策的通货膨胀终于在一系列紧缩政策的作用下得到遏制。1981 年社会商品零售价格指数上涨率回落到 2.5%，1982 年和 1983 年则分别回落到 1.9% 和 1.5%。

（二）1984～1989 年的通货膨胀及其治理

1984～1985 年，我国居民消费价格指数上涨率均达到 9.3%，这是改革开放以来物价上涨率最高的年份。本轮物价上涨仍然是伴随着以投资过快增长和财政过度扩张为特征的经济过热。但是，国内学者普遍认为 1984～1985 年间的通货膨胀主要是源于价格体制改革带来的成本推动因素。在这一轮价格改革中，政府提高了粮食、棉花等 18 种主要农产品的收购价格以及煤炭、钢铁、有色金属、水泥等工业产品的出厂价格。价格上升形成攀比之势，而价格上升又带动了劳动力成本的上升，如此使得货币信贷出现高速增长。

针对物价如此迅猛的上涨势头，国务院采取双紧的宏观调控措施，一方面严格控制财政支出和固定资产投资规模；另一方面通过严格控制信贷总规模和减少货币投放等手段紧缩银根。与此同时，加强物价管理和监督检查。在这一系列措施的作用下，1986 年年初，居民消费价格上涨率终于开始回落。

然而，1986 年 11 月份居民消费价格再次攀升。到 1988 年居民消费价格上涨率达到 11.8%，1989 年达到 18%。1989 年 2 月，我国居民消费价格上涨率曾高达 28.4%，几乎是恶性通货膨胀状态。针对如此严峻的形势，1988 年 9 月，党中央、国务院提出用三年左右的时间把改革和建设的重点放到"治理经济环境、整顿经济秩序"上来，并实行财政金融"双紧"政策。治理整顿很快收到了显著成效，居民消费价格上涨率由 1989 年 18.8% 降至 1990 年的 3.1%，到 1991 年基本稳定在 3.4% 的水平上。

（三）1993～1995 年的通货膨胀及其治理

1993～1995 年三年间我国居民消费价格上涨率分别达到 14.7%、24.1% 和 17.1%，通货膨胀率持续处于两位数的高位运行。这个通胀周期始于邓小平南巡讲话，南巡讲话带动中国经济进入快速发展轨道，伴随着经济的高速增长出现了固定资产投资规模增长过快、高货币发行高信贷投放等一系列经济乱象。有人形象地将当时的经济状况总结为"四热"、"四高"、"四紧"和"一乱"。"四热"为房地产热、开发区热、集资热、股票热；"四高"为高投资膨胀、高工业增长、高货币发行和信贷投放、高物价上涨；"四紧"为交通运输紧张、能源紧张、重要原材料紧张、资金紧张；"一乱"为经济秩序特别是金融秩序混乱。

针对当时出现的宏观经济失衡、经济秩序紊乱的局面，1993 年 6 月，党中央、国务院发布了《中共中央、国务院关于当前经济情况和加强宏观调控的意见》，采取了 16 条以治理通货膨胀、消除经济过热为首要任务的综合治理措施。这些措施主要包括：一是"约法三章"，坚决查处乱拆借、乱集资、乱提高利率等非法行为，堵住资金流失的"邪门"；二是适时微调，在总量从紧的原则下，改进贷款供应，保证资金重点需求，缓解企业资金困难，开好资金投放"正道"；三是灵活利用利率杠杆，及时开办保值储蓄，促进货币回笼。经过三年多的调控与治理有效地解决了出现的投资、消费增长过快，金融秩序混乱，货币过量发行，物价涨幅过高等突出矛盾和问题，避免了经济可能出现的大起大落，成功实现了宏观经济的"软着陆"。经济增长率从过热的 1992 年的 14.2% 回落到 1996 年的 9.7%。物价涨幅比 1994 年回落了 15.6 个百分点。整个经济开始进入适度快速和相对平稳的发展轨道。

（四）2003～2008 年的通货膨胀及其治理

2003 年国民经济运行中出现了粮食供求关系趋紧，固定资产投资增长过猛，货币信贷投放过多，煤、电、油、运供求紧张等问题。居民消费价格指数自 2003 年 9 月起快速上升，12 月达到了 3.2% 的水平；进入 2004 年后继续保持快速上涨态势，从 1 月份的 3.2% 升至 6 月份的 5.0%，7～9 月均维持在 5% 以上的较高水平。2003 年中央针对经济生活中的一些苗头性、倾向性问题见微知著、主动调控，陆续采取了一系列调控措施。2004 年，中央根据经济运行中出现的投资膨胀加剧、物价回升加快等新情况，在"两会"后果断提出要紧紧把握土地、信贷两个闸门，及时加大调控力度。2004 年下半年以来，随着加强和改善宏观调控取得积极成效，中央又明确提出宏观调控仍处于关键阶段，多次强调要防止出现反弹。总的来看，加强和改善宏观调控取得了明显成效，经济运行中的不健康、不稳定因素得到抑制，居民消费价格指数出现了一定程度的回落，国民经济继续保持平稳较快发展。

这一轮通胀周期的形成，与中国从 1998 年开始的通货紧缩联系紧密。尽管在 2001 年通货紧缩现象有所缓解，出现微幅通胀（不到 2%），但是通货紧缩的阴影似乎仍然在困扰着中国。在这一背景下，当时出现了地方政府主导下的投资增长，并且 2004～2005 年资产类和房地产类产品价格出现上涨，部分地带动了 2004 年中期 CPI 通胀率上涨到 5%。本轮通胀周期中最值得关注的是房地产等资产价格的上涨。虽然房地产价格的上涨并不直接体现在 CPI 通胀率上，但由于房地产这样的硬资产涨价会影响市场对未来通胀的预期，而预期将必然会影响消费者的消费和投资模式。这一传导机制一旦形成，物价的全面上涨恐怕就不可避免。虽然 2002～2006 年间中国通货膨胀的周期性变化以温和为主要特征，但是这段时间后持续的资产价格膨胀带动的"非理性繁荣"，是 2007～2008 年通货膨胀高企的重要原因之一。2006 年的低通胀并没有持续太长时间。自 2007 年第二季度以后，在经济高速增长的同时，CPI 通胀率呈现逐月攀升的态势，从 4 月份的 3.0% 一路上升到 11 月份的 6.9%，12 月稍有回落（6.5%）。虽然 2007 年全年的 CPI 通胀率上升幅度低于 5%，仍属于温和通货膨胀，但是其继续上涨的压力很大。从表面看，似乎主要是由于猪肉、粮食供应短缺的局面短期内难以改善，造成物价上涨压力增大。另外，由于我国石油需求对国际市场的依存度很高，美元贬值和原油期货的炒作带来的国际市场石油价格持续高位运行，对国内能源和原材料价格形成一个强大的向上推动力。中国在 2007 年开始出现的通胀上升问题，除了供给冲击之外，还存在另外一个不容忽视的因素，那就是 2005 年 7 月以后的人民币汇率机制改革。在 2006 年之后人民币逐渐出现快速升值的势头，逐渐形成了较为坚定的人民币升值预期，从而使得大量国际资本流入国内。当然，国内突发事故灾难（如 2008 年春的南方大雪灾、2008 年 5 月的汶川大地震等）都造成短期内物价反弹的较大压力。在政策层面上，针对日益凸显的通货膨胀压力，在 2007 年至 2008 年 5 月期间，中国人民银行连续多次上调存款准备金率和利率，并大力发行央行票据回笼流动性，开始明确贯彻施行从紧的货币政策；同时，执行稳健的财政政策，对房地产和股市进行相应调控。但是，由于人民币大幅升值对中国出口贸易的紧缩效应，导致中国 2008 年经济增长显露出减缓势头，而此时由于全球能源价格高涨和人民币进一步升值预期造成的国际流动性资金涌入国内，导致国内通胀风险依然严峻。因此，当前中国经济正面临着经济减缓和通货膨胀并存的严峻考验。

二、通货紧缩时期

我国自改革开放以来多数时期都处于与通货膨胀斗争的状态，发生通货紧缩的次数少，历经的时间短。从我国物价指数的代表变量 CPI 的变化看，可以大致了解到我国发生通货紧缩的时间分布。我国发生明显且持续的通货紧缩只有一次，即 1998～2002 年；出现通货紧缩迹象一次，即 2009 年。

（一）1998～2002 年的通货紧缩及其治理

在 1998～2002 年的五年间，我国的 CPI 均低于 101，按通货紧缩的判断标准（经济学家们普遍认为，当物价总水平连续三个月出现下跌后，可以认为通货紧缩已经到来），此期间即为我国通货紧缩时期。特别是在 1998 年、1999 年和 2002 年，我国的 CPI 指数低于 100，通货紧缩的情况更为严重。2000 年和 2001 年 CPI 指数的小幅上涨，说明当时的经济形势略为好转；而 2002 年 CPI 再度下跌至 99.2，说明通货紧缩远未结束。

我国这一时期陷入通货紧缩的诱因在于国际经济形势的变化。1997 年亚洲金融危机爆发，周边国家货币纷纷大幅度贬值，在内忧外困中，中国承诺人民币不贬值，担负起亚洲货币市场稳定的重任。人民币汇率保持稳定，相对于周边货币的贬值而言，就是升值，即币值高估。结果导致出口乏力，贸易顺差减少，资本项目在 1998 年净流出，出口对我国经济增长的拉动作用大大降低。针对外需急剧萎缩的事实，国务院及时调整经济政策，制定了增加投资、扩大内需、拉动经济增长的政策方针，实行积极的财政政策和稳健的货币政策。积极的财政政策主要是扩大财政支出以带动投资增长，仅 1998 年就增加发行 1000 亿元政府债券用于基础设施建设投资。中国人民银行也以稳健的货币政策积极配合财政政策的实施，首先是以 1000 亿元银行贷款作为政府债券的配套资金。其次，自 1998 年 5 月起连续降息，增加货币供应量。

到 2000 年亚洲各国经济逐渐复苏，国际经济环境明显好转，我国实施的积极的财政政策与稳健的货币政策终于收到良好的效果。我国经济增长结束了持续下滑的局面，GDP 增长率达到 8%；物价持续下降的趋势得到遏制，全年居民消费价格指数结束了近 23 个月的负增长，同比上涨了 0.4%。2001 年，我国经济发展的外部环境严峻。美国和日本经济同时陷入衰退，欧元区经济加速下滑。面对严峻的国际形势，中央坚持扩大内需的方针，继续实行积极的财政政策和稳健的货币政策，加快经济结构调整的步伐，稳步推进各项改革，不断提高对外开放水平，国民经济继续保持了持续快速健康发展的好势头。2001 年由于各项扩大内需的政策措施陆续到位并发挥作用，部分抵消了外部环境的不利影响，国民经济增长比较平稳。全年实现国内生产总值 95933 亿元，按可比价格计算，比上年增长 7.3%。我国市场物价走势平稳，居民消费价格全年上升 0.7%，较 2000 年升幅扩大 0.3 个百分点。2002 年是实施积极的财政政策和稳健货币政策的第五年，财政资金和国债配套贷款拉动了投资增长，全年全社会固定资产投资 4.3 万亿元，比上年增长 16.1%，为 1996 年以来的最高增速。2002 年外贸进出口总值达到 6208 亿美元，同比增长 21.8%。其中出口 3256 亿美元，增长 22.3%；进口 2952 亿美元，增长 21.2%；累计实现贸易顺差 304 亿美元，比上年增加 78 亿美元。消费的平稳增长也是推动 2002 年经济快速增长的一大因素，2002 年社会消费品零售总额 4 万亿元，增长 8.8% 左右，扣除物价因素实际上涨 10%，与上年基本相当。在投资、出口、消费"三驾马车"的拉动下，2002 年我国实现国内生产总值（GDP）10.2 万亿元，增长 8%。其中，第一季度增长 7.6%；第二季度增长 8%，第三季度增长 8.1%，第四季度增长为 8.1%，全年呈逐季上升趋势。随着经济景气回升，物价低增长态势有所改善。居民消费物价自 2001 年 11 月以来，已经连续 14 个月下降或持平，2002 年全国居民消费价格总水平比上年下降 0.8%。至此，我国基本走出了通货紧缩的陷阱。

（二）2009 年的通货紧缩及其治理

2007 年以来，随着美国次贷危机的爆发及最终演变为金融危机，并迅速向世界蔓延，我国金融市场与实体经济也受到一定程度的影响。对于次贷危机以来我国是否发生通货紧缩，尚没有明确的官方结论，相关领域的学者们也是各持己见。但是如果我们按照前述判定通货紧缩的标准来衡量，通过对月度 CPI 数据的观察可以认为通货紧缩再次出现了，只是持续的时间较短。

表 4 - 2　2008—2009 年我国 CPI 月度数据表（同比数据）

2008 年	1 月	2 月	3 月	4 月	5 月	6 月	7 月	8 月	9 月	10 月	11 月	12 月
CPI	107.1	108.7	108.3	108.5	107.7	107.1	106.3	104.9	104.6	104	102.4	101.2
2009 年	1 月	2 月	3 月	4 月	5 月	6 月	7 月	8 月	9 月	10 月	11 月	12 月
CPI	101	98.4	98.8	98.5	98.6	98.3	98.2	98.8	99.2	99.5	100.6	101.9

资料来源：中国国家统计局统计数据库。

对比 CPI 的走势，我国生产者价格指数 PPI 也呈现相似的变化。从 2008 年 12 月起 PPI 下降到 98.9，此后 PPI 的负增长持续到 2009 年 11 月。在此期间 PPI 下降最大是 8.2，最小是 1.1，平均下降幅度达到 5.6。所以，参考 PPI 的走势可以更加坚定地认为通货紧缩真的再次来临了。

发生通货紧缩的主要原因是我国受全球性金融危机的冲击，外部需求明显收缩，同时国内的投资需求和消费需求也都受到了一定程度的抑制。在外需下降、内需不足的双重压力下，我国企业产能大量过剩的矛盾凸显出来，企业生产经营困难，城镇失业人员增多，经济增长下行的压力明显加大。

针对国际国内经济形势的巨变，2008 年中国家宏观调控政策进行了重大调整，中国人民银行及时调整了货币政策的方向、重点和力度，按照既要保持经济平稳较快发展、又要控制物价上涨的要求，调减公开市场操作力度，将全年新增贷款预期目标提高至 4 万亿元以上，指导金融机构扩大信贷总量，并与结构优化相结合，向"三农"、中小企业和灾后重建等倾斜。进入 2008 年 9 月，随着国际金融危机急剧恶化，对我国经济的冲击明显加大。按照党中央、国务院的统一部署，中国人民银行实行了适度宽松的货币政策，综合运用多种工具，采取一系列灵活、有力的措施，及时释放确保经济增长和稳定市场信心的信号，五次下调存贷款基准利率，四次下调存款准备金率，明确取消对金融机构信贷规划的硬约束，积极配合国家扩大内需等一系列刺激经济的政策措施，加大金融支持经济发展的力度。2009 年，面对国际金融危机严重冲击，中国人民银行继续贯彻适度宽松的货币政策，保持银行体系流动性充裕，引导金融机构扩大信贷投放，优化信贷结构，加大金融支持经济发展的力度。总体上，适度宽松的货币政策得到了有效传导，对扩张总需求、支持经济回升、遏制通货紧缩发挥了关键性作用。2009 年，实现国内生产总值（GDP）33.5 万亿元，同比增长 8.7%，经济增速逐季加快。居民消费价格（CPI）下降 0.7%，年底出现上升。

第五章　汇率失调与物价水平关系的理论与方法

目前，没有学者对汇率失调与物价水平的关系进行直接研究，但由于汇率失调本身意味着名义（或实际）汇率处于高估（或低估）状态，这种高估（或低估）状态对一国经济的影响与实施名义（或实际）汇率贬值（或升值）产生的经济效应基本相同。因此，可以将关于汇率变动与物价水平关系的理论作为汇率失调与物价水平关系研究的理论基础。

汇率的决定与变动因素以及汇率变动的经济影响问题一直是国际经济学领域研究的核心问题。对汇率的决定与变动因素的研究形成了一系列的汇率决定理论，其中购买力平价理论从汇率决定的视角研究了一般物价水平及其变动是如何决定均衡汇率及汇率变动的。对于购买力平价关系的实证研究，让人们认识到一般物价水平与汇率之间不是一个单向的决定与被决定的关系，二者之间存在着相互影响的关系。而对汇率变动的经济影响的研究则主要关注于考察汇率变动对贸易收支状况的影响，即本币贬值是否能够改善本国的贸易收支（或本币升值是否不利于本国商品的出口），对该问题的研究成果最具影响力的当属国际收支的弹性分析理论。对贬值改善贸易收支问题的深入研究让人们认识到贬值效应的有条件性和不可持续性，而其不可持续性的一个重要因素在于本币贬值对本国一般物价水平的影响，由此引出了对汇率传递效应问题的研究。

在本书第二章中从均衡汇率的角度介绍了购买力平价理论，认为购买力平价理论隐含了基期汇率为均衡汇率的假定。因此，在均衡汇率的分析中往往假设购买力平价在长期成立。从汇率决定及变动的角度来看，购买力平价理论实质是研究物价水平如何决定汇率及影响汇率变动的理论。从这个意义上来说，购买力平价理论就是基于这样朴素的思想：汇率是两种货币的交换比价，货币之所以能以一定的比价交换，是因为他们具有共同的属性，即货币都代表一定量的购买力。因此，汇率实际上是两种货币购买力的对比。这种表述体现了绝对购买力平价的核心内涵，即汇率是由两国物价水平的对比关系决定。相对购买力平价则意味着汇率会随着两国物价水平的相对变动而变动。由于前文已经介绍了该理论的主要内容，这里不再赘述。

第一节 汇率传递理论的研究综述

汇率传递理论主要研究汇率变动对物价链条各个环节的影响问题。一般认为，本币贬值会导致本国物价水平上升，而贬值通常是首先影响到进口商品价格，然后是生产者价格，最后是消费者价格。汇率变动通过这种价格传递效应可能改变相对价格，从而产生支出转换效应，使一国的贸易收支得到调整，也可能在这个传递过程中对一国宏观经济各方面产生影响。对汇率传递的研究既有理论探讨也有实证检验，总的来说理论与实证研究涉及了汇率传递是否完全的问题、汇率不完全传递的原因、汇率的传递弹性及汇率传递的经济效应等方面。本节主要从理论研究角度对汇率传递问题加以概括总结。

一、汇率传递理论研究的起步阶段

（一）汇率完全传递的假设

早期的汇率传递是指汇率的变动能够被完全地传递（Perfect Pass - through）到进出口商品的价格上，这个完全传递的概念或是作为经典理论的一个结论或是作为理论分析的一个必要假设条件而存在的。

国际经济学领域遵循的一价定律（Cassel，1916）就是汇率完全传递的理论基础，一价定律的基本含义是同一种商品在不同国家的价格经过汇率折算成同一种货币时应该是完全相等的，其隐含的意思是汇率的变动将被完全传递到价格上。一价定律是建立在无摩擦的国际间商品套利基础之上的，即不存在关税和非关税壁垒、不考虑运输成本等交易费用，同时不同国家间同一种商品是完全可替代的。而在现实世界中，交易成本、关税以及各种形式的非关税壁垒等市场不完全因素的存在，加之各国产品差异性的存在都可能导致一价定律不成立。尽管现实条件不支持一价定律始终成立，但是在早期它仍然被奉为真理。

国际收支弹性论（Robinson，1947）是研究汇率变动的经济效应的代表性理论，该理论是在汇率变动完全传递到进出口商品价格的假设条件下展开分析的。该理论以一价定律成立为前提，认为在一价定律成立的条件下，如果进出口商品的需求弹性足够高则本币贬值将导致出口商品外币价格的下降、进口商品本币价格的上升，从而起到增加出口、减少进口、改善贸易收支的作用。

Friedman（1953）在对固定汇率与浮动汇率制度比较的研究中，从价格名义刚性及生产者货币定价等前提假设下出发，分析结论是汇率变动与进口价格之间是一一对应的关系，即汇率的变动会百分百传递到进口价格上。据此他认为汇率变动本身具有防火墙作用，采用浮动汇率制可以避免本国经济受外部经济波动的冲击。

实际上直到 20 世纪 60 年代，这种关于汇率变动对进出口价格完全传递的传统观点始终占据着主流地位，实证研究也集中于探讨进出口需求的价格弹性上。

（二）汇率传递的弹性方法

到了 20 世纪 70 年代，由于布雷顿森林体系的崩溃，美元对各主要货币汇率发生调整为人们实证研究汇率变动效应提供了素材，才开始出现了关于汇率不完全传递的相关研究，这方面较早的研究者有 Branson、Magee 和 Kwack。他们在弹性理论的实证研究中发现，贬值对贸易收支的改善作用并不像理论上描述的那样发生，而是存在着时滞效应且不具有持续性。在对这个问题的探究中，他们发现贬值并不能百分百地传递到进出口商品价格上，这就是汇率传递的不完全性问题。

Branson（1972）研究了 1971 年主要货币汇率调整的贸易收支效应，文中从理论与实证两方面对"传递"问题进行了探讨。Branson 认为"成功的"传递意味着"贬值国进口商品价格指数应当显著上升、升值国的该指数应该显著下降"[①]。他还认为由于贬值国的出口商可能不是通过立即改变出口品外币价格而直接传递汇率调整效应，而是用改变对外销售利润的方式吸收这种变化，那么汇率的传递就出了问题。立即传递意味着较短的时滞，而试图吸收调整的变化则会相当程度地延长时滞。文中对美元之于马克和日元的贬值进行了实证分析，结论是德国与日本的进口价格指数明显下降，而美国进口价格指数并未显著上升，这表明美元贬值并未完全传递。Magee（1973）仍然沿用弹性分析方法，与 Branson 不同的是，他关注的是在贬值引起数量发生相应调整之前的传递问题，他将这个阶段称为"传递期"，并根据美国进出口商品的供给及需求弹性的多种组合分析了美元贬值在短期内的完全传递及完全不传递两个极端情形[②]。Kwack（1973）则从货币工资模型入手建立了以进口价格变动率为主要解释变量的美国与非美国的价格方程，并结合 Branson 的进口价格与汇率方程导出了价格与汇率的关系方程。其进一步的实证研究结果表明：美元贬值引起美国价格上涨，但是上涨幅度小于美元贬值率；美元贬值亦导致美国相对价格优势的改善，但是改善程度亦低于贬值率。

---

① H. W. Branson, "The Trade Effects of the 1971 Currency Realignments", *Brookings Papers on Economic Activity*, 1：1972，PP. 15－58.

② Magee. S. P., "Currency Contracts, Pass－through and Devaluation", *Brookings Papers on Economic Activity*, March 1973.

上述研究成果表明这一时期人们对汇率不完全传递的认识还是粗浅的，是在弹性理论框架下对汇率变动的贸易收支效应的实证研究中看到了汇率变动并未完全传递到进出口价格的现象，还没有将其作为一个独立的研究对象进行深入探讨。

弹性方法在对进出口需求与供给价格弹性的估计中找到了汇率与贸易品价格之间的联系[①]。考虑如下的进口商品需求与供给函数：

$$Q_{dm} = D(P_d)$$
$$Q_{sm} = S(P_f/E) \tag{5.1}$$

其中 Q_{dm}、Q_{sm} 分别代表进口品需求量与供给量，P_d、P_f 是进口品本币价格及外部价格，E 是汇率（间接标价法即一单位本币折合的外币数量）。

根据这两个函数推导得到汇率传递系数的表达式：

$$\frac{\partial \ P_d/P_d}{\partial \ E/E} = \frac{1}{1 - \varepsilon_d/\varepsilon_s} \tag{5.2}$$

方程左侧的表达式 $\frac{\partial \ P_d/P_d}{\partial \ E/E}$ 为汇率传递系数，ε_d 与 ε_s 分别是进口商品的需求弹性与供给弹性。

Branson（1972）根据对美国进出口商品需求与供给弹性的估计值推算，美元汇率变动对美国进口商品美元价格的传递系数在 0.72 到 0.83 之间。

弹性方法对于汇率传递的研究是单纯地基于需求与供给弹性的分析，忽视了不同国家生产者供给反应背后的原因，也无法提供关于价格对汇率变动做出反应的时间信息。

二、汇率传递理论的微观视角

20 世纪 70 年代末到 80 年代中后期，学者们开始将汇率传递作为

---

① H. W. Branson, The Trade Effects of the 1971 Currency Realignments, *Brookings Papers on Economic Activity*, 1：1972，PP15 – 58.

独立的研究对象进行深入探讨，这一时期的研究比较集中于从微观理论上探讨不完全传递的原因。学者们各自不同的微观经济视角研究的结果表明，不完全竞争与产品差异性、市场的分割化、沉淀成本、企业价格设定（PCP、LCP）等微观因素构成了汇率不完全传递的原因。

（一）不完全竞争与产品差异性

Kravis、lipsey 和 Kalter（1977）采用市场结构理论从静态与动态两方面分析了汇率变动对出口价格及国内价格的影响。从静态角度分析，他们认为在寡头垄断市场上，寡头厂商为了实现利润最大化目标可能采取针对不同出口目的国的价格歧视策略。这就导致在本币贬值时，寡头厂商会保持一个相对稳定的出口价格，从而出口价格不能百分百传递汇率的变动[①]。而与竞争优势的变化及市场份额的变化有关的动态因素则可能使得供应商在一定时期内维持较低的售价。他们的研究体现了不完全竞争条件下厂商的定价策略对传递效应的影响。

Dornbusch（1987）和 Fisher（1987）等的研究则对汇率不完全传递给予了更深入的微观解释。在不完全竞争市场条件下，厂商不再将价格定在边际成本上，厂商可以通过控制成本加成长期获得超额利润。因此，不完全竞争通过赋予厂商控制成本加成的权利而改变了厂商的最终定价能力。那么，当汇率发生变动时厂商调整成本加成的状况将决定其定价能力，从而影响到汇率传递程度。影响厂商的加成成本变动的主要微观因素有两个：一是由产品差异化程度决定的进口品与国内产品之间的替代程度；二是市场的一体化或分割化程度。产品之间的替代程度越低、市场的一体化程度越低，则产品出售者的市场力量就越强，从而传递效应越弱。他们在研究中除了验证这两个因素对传递效应的影响外，还提出了如外国厂商的相对数量、不同的汇率制度条件等因素。

Dornbusch（1987）在给定劳动力成本的条件下，运用产业组织学

---

① Kravis, Lipsey & Kalter, "Export Prices and Exchange Rates", *NBER Working Paper*, No. 182, July 1977.

方法研究了汇率变动对相对价格调整的短期效应。他首先在产品完全替代性条件下以利润最大化为目标采用古诺（Cournot）模型分析了厂商的定价策略及汇率变动对均衡价格的影响，结果表明，均衡价格对汇率的弹性由外国厂商的相对数量及外国供给者的边际成本与价格的比率两个因素决定。Dornbusch 进一步在产品不完全替代条件下运用迪克希特——斯蒂格利茨（Dixit - Stiglitz）模型以效用最大化为目标探讨了厂商的定价策略及进口相对价格变化问题。结果表明相对价格是相对工资的函数，如果给定母国和外国的工资，则相对价格只受外国厂商相对数量的影响。总之，在产品不完全替代条件下，本币升值将导致进口相对价格的下降，下降的程度依赖于不完全竞争的因素和国内外厂商的相对数量。Fisher（1987）在 Dornbusch 与 Krugman 研究的基础上运用伯特兰德寡头模型对汇率传递问题进行了较深入的研究，并给出了汇率传递的定义"以外币表示的价格与以本币表示的价格之间的关系"。他的研究立足于这四点假设：第一，生产者根据自己对汇率变动的预期确定价格；第二，生产者的决策具有相互依赖性；第三，汇率变动的影响在短期与长期有相当大的差异；第四，在固定汇率与浮动汇率制度下汇率传递是不同的。他的主要研究结论是：汇率传递依赖于市场结构，特别是当寡头们根据对汇率变动预期运用他们的市场力量定价时，越是相对集中的市场结构越是对应着较高的汇率传递。

Dornbusch 运用古诺（Cournot）模型分析了汇率传递的影响因素①。古诺（Cournot）模型是对寡头垄断市场上出售同质商品的分析框架。为了分析简便，Dornbusch 假定需求函数是线性的，所有非价格决定因素都是不变的，则有：

$$Q_d = a - bp \qquad (5.3)$$

假定商品市场被有效地分割为母国市场和外国市场。商品有 n 千本

① Dornbusch, R. , 1987, "Exchange Rates and Prices," *American Economic Review*, No. 77（1）, pp. 93 – 106.

国供给者和 n^* 个外国供给者,他们每个公司的销量分别是 q 和 q^*,所有公司的总销量应等于市场需求量 Q,于是有:

$$Q = nq + n^*q^* \tag{5.4}$$

每个公司都是在给定的其他公司销售的情况下最大化利润。国内公司与国外公司在母国市场的利润分别是:

$$\pi = (p - c)\left[a - bp - (n - 1)q - n^*q^* \right]$$
$$\pi^* = (p/e - c^*)\left[a - bp - nq - (n^* - 1)q^* \right] \tag{5.5}$$

利润最大化策略产生的反应函数(如图 5-1 所示):

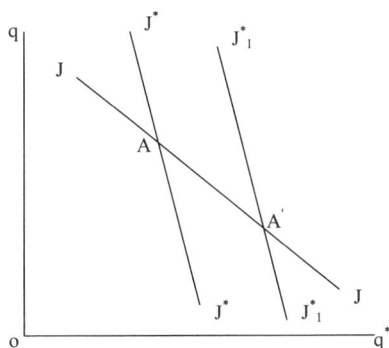

图 5-1 纳什均衡

点 A 为最初的纳什均衡点,在纳什均衡条件下,产业一般均衡价格为:

$$p = (nc + n^*ec^*)/N + a/bN$$
$$N \equiv n + n^{*+1} \tag{5.6}$$

美元的升值将使得 J^*J^* 向右移动,这样本国公司的销售量下降,外国公司的销售量增加。在新的均衡点 A',外国公司增加了产出而母国公司产量收缩。均衡价格对汇率变动的弹性系数为:

$$\varphi = (n^*/N)(ec^*/p) \tag{5.7}$$

弹性系数由两个决定因素:外国公司的相对数量和外国供给者边际成本占价格的比率。显然行业竞争越激烈(价格对边际成本的加成越小)、进口占全部商品销售的比重越大则美元价格下降的程度越大。

（二）依市场定价

Krugman（1986）从外国公司在美元升值时维持甚至提高对美国出口商品价格的现象出发，研究汇率变动对进口价格的影响，提出了"依市场定价"（Pricing to Market，PTM）概念。依市场定价实际描述了在分割化的国际市场下，贸易品的生产商可以采取三级价格歧视（Third - degree Price Discrimination）策略，即对每个出口市场设定不同的价格的现象。他分别运用静态的寡头垄断模型和动态的供给、需求及厂商声誉与定价模型解释了 PTM 现象。

Froot 和 Klemprer（1988）运用寡头垄断市场中的动态需求效应来研究汇率传递问题。他认为动态需求效应可以解释依市场定价程度是怎样随着时间变化而显著变化的。在他的模型中，由于对每个厂商产品的未来需求都依赖于其当前的市场份额而导致的需求粘性，厂商当前的策略选择不仅影响当期利润也影响将来的利润。该方法强调外国公司传递当前汇率变动的程度以及汇率传递的机制都将受到未来汇率预期变动的影响。

Goldberg 和 Knetter（1997）从一价定律、汇率与关税的传递到依市场定价三个不同的角度探讨了市场分割化存在的原因及三级价格歧视对汇率不完全传递的影响。他们还对市场一体化、分割化及三级价格歧视给出了如下解释[1]：市场的一体化，若地理或国别等其他方面都同一的产品的市场价格不会产生系统的影响则市场是一体化的；市场的分割化是指一体化的缺乏，若买卖双方的地理位置会明显影响交易条款，那么这个产品的市场就是地理上分割的；他们引述了 Pigou 对三级价格歧视的概念——当不同群体的消费者对同一商品支付不同价格时三级价格歧视就发生了。

他们的研究表明，对一价定律的偏离以及汇率的不完全传递效应都

---

[1]　Goldberg, P. K. & M. M. Knetter, 1997, "Goods Prices and Exchange Rates: What Have We Learned" *Journal of Economic Literature*, Vol. 35（3），（September），pp. 1243 - 1272.

是由于市场分割条件下的三级价格歧视策略造成的。尽管不同产业之间存在着显著的差异，但许多情形下超过半数或更多的汇率变动效应被目标市场的成本加成调整所抵消。从文中对国际定价的研究中得出结论，将商品的国别市场看成是分割的要比看成是一体化的更好。

（三）沉淀成本

Baldwin（1988）提出了一个"滩头效应"模型，分析了沉淀成本对汇率传递的影响。该模型的两个经济学假设是：一是实际汇率冲击能够改变一国的市场结构；二是市场结构影响进口价格和数量。Baldwin修订了Spence（1976）、Dixit和Stiglitz（1977）的框架建立了厂商结构和不完全竞争的局部均衡分析模型。

该模型的思想是：在产品存在差异的情况下，出口厂商不仅要为消费者提供高质量的产品和确定合理的价格，还必须投入一部分资源用于开发市场、建立分销网络、针对外国人的需求进行研发以使产品适应外国市场等。这些投入成本是为进入外国市场而支出的，然而这些成本一旦支出就不可回收，因此是该厂商进入一国市场的沉淀成本；同时为了维持这个市场的运转还需每期支付一笔固定的维持成本。由于沉淀成本的不可逆转性，所以只有当厂商预期能够弥补沉淀成本时，他才会进入一个市场，一旦成本已经沉淀，即使厂商只能弥补可变成本，它也仍然会留在市场中不会退出。

Baldwin的研究表明，当汇率变动较小时，生产差别产品的厂商生产成本的变动不足以驱使其进入一个新的市场，或者从现有市场中退出来，厂商对汇率的变动不再敏感，于是导致汇率传递的不完全性。汇率一个暂时的但足够大的升值将会诱使一些外国公司进入该国市场，而由于进入成本的沉淀，即使汇率又回到最初的水平新进入者也不会全部退出。基于上述分析，Baldwin他认为足够大的汇率波动能够产生持久性的影响（滞后作用），这种滞后作用即使其诱因消失也将继续下去。

（四）企业价格设定

Obstfeld 和 Rogoff（1995）研究了企业价格设定行为与汇率对进口价格传递程度之间的关系。生产者在开放经济条件下能够选择以国内货币或国外货币定价，如果以出口商的货币计价，即生产者价格定价 PCP（Producer Currency Pricing），汇率变动传递到最终消费者的程度是完全的，进口商品会显示较大的价格弹性。而如果以商品目的地的当地货币计价 LCP（Local Currency Pricing），就完全不存在汇率传递，进口价格不受汇率变动的影响。前一种计价方式下，进口价格主要受汇率波动的影响；后一种计价方式下，进口价格主要受国内价格的影响。后续的研究关注选择定价方法要考虑的影响因素。Bacchetta、Wincoop（2002）研究发现市场份额和商品的分散化是制约出口企业计价货币选择的主要因素。市场份额越大，商品越分散化，出口商越可能选择以本国的货币计价（PCP）。Gopinath、Itskhoki 和 Rigobon（2007）认为汇率的价格传递效应与定价货币的选择有关。他们研究了美国和其他 11 个主要贸易伙伴以美元标价进口商品价格和非美元标价进口商品价格的汇率传递效应。实证结论是美元标价商品的汇率传递效应平均均为 25%，非美元标价商品的价格传递效应为平均 95%，而且这种差距在价格可调整的情况下仍然存在。成本加成的弹性和生产成本中进口投入品所占比例越小，企业越倾向于用生产者货币定价。而按市定价能力足够强，即使企业成本全部以生产者货币形式发生，它也会选择消费者货币定价。

三、汇率传递理论的宏观视角

（一）影响汇率传递程度的宏观因素

20 世纪 80 年代末到 90 年代初以来，对于汇率传递的研究视角逐渐拓宽到宏观层面。学者们开始探讨汇率传递与汇率波动性、通胀环境、货币政策等宏观变量之间存在的关联。

1. 汇率传递与汇率波动性

Mann（1986）运用依市场定价规则探讨了一些可能影响汇率传递的宏观经济变量，其中之一是汇率的波动性。他发现较高的汇率波动性使得进口商更谨慎于改变价格而更愿意调整利润加成，因此降低了汇率传递程度。Dixit（1989）在假设汇率服从布朗运动的条件下研究汇率传递问题。在这个假设下，公司的进入与退出选择可以被当做选择权来考虑：较大的汇率波动性使得进入与退出选择权更昂贵，于是很少有公司愿意行使这个权利，结果即使是暂时的但却足够大的汇率冲击，也会导致进口水平永久性改变和汇率传递程度的永久性下降。Mann（1989）为了解释汇率波动性对贸易品价格的影响进一步建立了包含汇率波动性测算的传递效应估计方程。Feenstra 和 Kendall（1991）在 Mann 的研究基础上进一步拓展了相关研究。他们检验了在最优的远期套补条件下汇率波动性对出口商定价决策的影响，并整合了对汇率传递、汇率波动性及外汇市场风险升水的估计。研究结果表明，汇率波动性对汇率传递的影响由两个因素决定，即出口商以何种货币计价、远期合约的可获得性。当以进口国货币计价时，汇率波动性与进口价格是正向的关系；以出口国货币计价时，结果相反。若出口商能够完全套补他们的收益，则汇率变动对出口商定价不会产生影响。Devereux 和 Yetman（2003）运用小型开放经济模型进行理论与实证研究，发现汇率传递效应是由进口企业价格变动的频率决定的，同时他们发现在传递效应与通货膨胀均值之间存在着正向的、非线性的关系，传递效应与汇率波动性也存在着正向关系。当汇率的波动性比较大时，促使企业遵循 PCP 定价，导致传递效应的增强，而这可以减缓汇率的波动。Corsetti、Dedola 和 Leduc（2005，2008）采用一个包含价格歧视与名义价格刚性条件以及对基本经济变量的冲击做出反应的汇率的内生波动数量分析框架，研究了汇率波动性与商品价格稳定性之间的一般均衡关系。

2. 汇率传递与通胀环境

Taylor（2000）运用一个简单交错定价模型分析了传递效应与通胀环境之间的关系。模型指出传递效应（企业定价能力）的变化部分归因于对价格及可觉察的成本变化的持续性预期。换句话说，企业通过提高自身的价格去适应其他企业成本与价格的增加的程度依赖于对这种增加的持续性预期。进一步地，较低的、更加稳定的通货膨胀是与较低的通货膨胀的持续性正相关，低通胀及相应的货币政策通过降低对成本与价格变动的持续性的预期而使得传递效应降低。Taylor 据此提出了传递效应内生于一国的通胀环境的假说。对此他的解释是这样的：当企业预期成本和其他企业的价格变化是非持续性时，他们只会对价格进行很小程度地调整；但是当预期货币政策和成本的变化是长期持续性时，他们则可能对价格进行较大程度地调整。由此可以看到对价格变动持续性的预期在传递效应中所起到的重要作用。他的实证模拟研究表明，预期对传递效应的影响会对产出与物价水平的关系产生相当大的影响，当低通胀环境发生反向变化时，可察觉的企业定价能力也会迅速发生反向变化。Choudhri 和 Hakura（2001）对 Taylor 的假说进行了检验，结果表明传递效应依赖于通货膨胀制度，对于高通胀制度货币冲击的影响倾向于更持续并且更可能在汇率变动中得到更大程度的反应。因此，他们支持在高通胀制度中汇率传递更强的假说。Michele Ca、Zorzi、Elke Hahn 和 Marcelo Sonchez（2007）对亚洲、拉丁美洲、中欧、东欧等 12 个国家和地区进行研究，发现汇率传递效应不明显，且通货膨胀率低的国家和地区传递效应较小。

3. 汇率传递与货币政策

Devereux，Engel 和 Storgaard（2004）在开放的经济宏观框架下提出了一个将汇率传递作为内生变量的模型，模型中汇率传递与汇率相互作用同时被外生决定。他们的研究结果表明：汇率传递的程度与一国货币政策的相对稳定性有关。货币增长率的波动性相对较低的国家会有相对较低的汇率传递效应；反之，则汇率传递效应较高。传递效应取决于货币增长率方差的相对水平而不是方差的绝对水平。当两个国家的货币政策的不稳定性增加同样的水平时，汇率传递效应不受影响。Devereux和Yetman（2010）提出了一个简单的理论模型分析小型开放经济体汇率传递与价格调整的关系问题，模型中不包含非贸易品部门、不考虑依市场定价、也不考虑内生的对进口品消费的本国投入等微观因素。模型只考虑两个主要因素：其一是价格的缓慢调整；其二是分销技术的冲击。前者意味着进口价格对汇率变动调整缓慢，后者意味着即便是价格是灵活的，价格也不对汇率的变动发生任何反应。理论分析结果表明粘性价格是汇率传递的关键性决定因素，低的汇率传递至少部分地是由名义价格的缓慢调整造成的。此外，由于价格粘性程度是由货币政策体系内生地决定的，因此汇率传递率对于货币政策体系敏感。实证分析的结论对于理论也给予极强的支持。

（二）汇率传递的宏观经济效应

20世纪90年代末期，学者们逐渐对于传递问题的宏观经济效应问题产生兴趣，这方面的研究成果主要是探讨汇率传递对汇率制度选择的影响、汇率传递对最优货币政策选择的影响。

1. 汇率传递与汇率制度选择

Devereux和Engel（1998）从社会福利最大化的角度对最优汇率制度的选择进行研究，认为最优汇率制度的选择取决于企业生产者货币定价（PCP）还是消费者货币定价（LCP）。当用消费者货币定价时，在浮动汇率制下，本国消费的变化不受外国货币供给量变化的影响；当用生产者货币定价时，浮动汇率制下汇率的调整使消费的变动小，但汇率变动本身导致平均消费水平的降低。因此，在依市场定价（PTM）下浮动汇率制优于固定汇率制；在PCP情况下，没有明显占优的汇率制度。当风险厌恶程度很高时，从福利角度，汇率变动的成本是很大的，这时固定汇率制更有优势。

Obstfeld 和 Rogoff（2000）在新开放的宏观经济学框架下研究了最优汇率制度问题。他们在生产者货币定价的假定下得出了三个重要结论：弹性的汇率是实现相对价格调整的必要手段，可以完全达到与弹性名义价格同样的资源配置效果；在粘性价格条件下，通过浮动汇率实现弹性价格资源配置的政策是受约束的帕累托最优；最优政策完全是自我导向的，不需要国家之间的政策协调。因此，浮动汇率制度是最优的。

Bergin 和 Feenstra（2009）研究了中国占美国进口份额的上升趋势如何降低了汇率对美国进口价格的传递问题。通过理论模型的分析表明采用固定汇率制的国家（如中国）的出口改变了美国市场的竞争环境，这导致其他国家（如墨西哥）的出口商在美元贬值时减少了他们的加成幅度，当模型允许新的进口商自由进入时，这个效应就更加显著。因为美元的贬值倾向于促使浮动汇率国家（如墨西哥）的出口商退出并因此进一步增加了固定汇率制国家（如中国）供给者的市场份额。总之，最终的结果是美元贬值对美国进口价格的传递下降了。

2. 汇率传递与货币政策

Devereux 和 Engel（2003）研究了 LCP 定价下的最优货币政策：在 LCP 条件下，汇率的变动不会对消费者所面临的价格产生影响，货币当局也不需要运用货币政策来改变国内外商品之间的相对价格。这样，货币政策获得了更多的自由度。

Bacchetta 和 Wincoop（2005）探讨对 CPI 的传递相对于对进口价格传递更有限的新证据时，他们建立了一个模型。模型中假定外国出口商向国内厂商出售中间品，国内厂商将中间品组装并最终出售给消费者。他们演示了对进口价格完全传递而对 CPI 传递为 0 的极端情形的可能性。

Corsetti 和 Pesenti（2005）考察了出口商与货币当局的交互作用：出口商把货币政策规则作为给定的，确定汇率变动对出口价格的传递程度；货币当局把厂商传递作为给定的，选择最优的政策规则。结果表明存在两种均衡：厂商实行 PCP 定价，最优政策规则以国内产出缺口为目标，浮动汇率支持弹性价格配置；厂商实行 LCP 定价，货币联盟是所有国家最优的政策选择。

第二节　汇率传递的实证研究综述

Menon（1995）对汇率传递问题的前期研究成果进行了系统的综述，他从研究覆盖的国家、数据选择、研究方法的应用及主要结论等方面对汇率传递问题的实证研究进行了归纳总结。Menon 对实证研究的综述涵盖了从 1974 年到 1994 年间的研究成果。结合他的综述文章及其后相关的实证研究成果，本节按照时间顺序从以下几个方面对研究成果做统一梳理。

一、国外学者对汇率传递的实证研究综述

（一）研究对象的国别特征

对汇率传递问题的实证研究是从 1974 年开始的，Shwartz 和 Perez（1974）以 1972 年数据分析了美国从日本、西德等欧洲国家进口对于汇率的传递程度，结果表明汇率传递是不完全的，传递程度在 71% ~ 82%，并且存在着 4 ~ 5 个季度的时滞。Magee（1974）用 1971 ~ 1973 年的数据研究了美国进口的汇率传递问题，发现合同计价货币的选择会影响汇率传递。从 20 世纪 80 年代起，对汇率传递的实证研究成果非常丰富。

从研究对象的国别角度来看，主要集中于对大规模经济体的研究。美国一直是这一研究领域最受关注的国家，实证研究成果中一半以上是针对美国的，也有一些是对多个国家的总体研究；另一些是对日本、德国、英国等进行的。对于小经济体的研究成果较少，且结论往往相悖，不具有一般性。

（二）研究深度的拓展

早期的研究集中于汇率变动对进口价格和出口价格的传递上，直到1986 年汇率传递范围被推进到国内价格层面。Feinberg（1986）用 1977~1983 年的年度数据研究了德国马克汇率变动对国内生产者价格的影响，得出德国马克贬值导致德国国内生产者价格的上升的结论。Feinberg（1989）、（1991）进一步研究了汇率变动对美国国内价格的传递问题。此后，学者们开始沿着价格分布链研究汇率对物价的传递。

McCarthy（1999）沿着价格链的传递方向对 9 个工业化国家自浮动汇率实施以来的样本区间内有效汇率汇率波动对 IPI、PPI、CPI 的传递效应进行了实证研究。结论是汇率波动对进口价格指数的传递程度最大，其次是 PPI，对 CPI 的传递程度最小；传递效应还存在着国别差异。

Elke Hahn（2003）运用向量误差修正模型研究外部冲击对欧元区通胀的传递效应。他分析了包括非能源类进口价格指数、生产者价格指数与调和的消费者价格指数（HICP）分销链中不同阶段价格对外部冲击的反应。实证结果表明，进口价格冲击对通胀的传递效应最大，其次是汇率波动和能源价格变动的冲击。外部冲击传递效应的大小和速度伴随分销链条长度的增加，对处于分销链不同阶段的价格的影响会下降。

Faruqee（2006）运用 VAR 模型研究了基于 1990~2002 年的月度数据的汇率变动对欧元区价格链的影响，实证结论是短期内汇率冲击对所有价格链的影响都低，随着时间的推进，汇率的价格传递效应在增强。对进口价格传递效应较大，对工资和 CPI 的传递效应较小。传递效应的差异主要与分销成本及企业定价行为的不对称性有关，在欧元区进口价格是消费者货币定价而出口价格是生产者货币定价。

Mwase（2006）运用 SVAR 模型、脉冲响应函数和方差分解分析了1990~2005 年汇率传递效应对坦桑尼亚通胀的影响。发现汇率传递效应对通胀的影响在降低，其原因是货币政策的改变，中央银行积极干预控制货币供给量的增长，私人部门对通胀预期的改变，伴随经济结构改变带来的生产效率的提高，竞争压力的增强，进口关税的下降以及 CPI 篮子中进口商品所占比重的下调。

（三）研究方法的变化

绝大多数早期的研究者采用了单方程 OLS 估计，并且多数研究者并未注意到数据的时间序列特征，而直接运用了 OLS。显然，若这些数据序列是非平稳的，则估计结果将有巨大的偏差。在早期的研究报告中较高的 R^2 和较低的 DW 值使得我们更加担忧研究结果的正确性问题，并且早期的研究只注重估计而忽视了对结果的检验。直到 1990 年，研究者开始寻求对汇率传递问题的研究方法的突破。Kim（1990）建立了运用变参数方法检验传递方程结构稳定性的一般分析框架。这个框架非常适合完成这项研究，并且对于汇率贬值与升值期间的不对称传递假说能够给予更可靠的检验。Kim（1991）首次采用 VAR 模型研究美国进口价格传递问题，Marquez 和 Yang（1991）在研究美国进出口价格传递问题时都运用了极大似然估计方法。VAR 方法的运用实现了对汇率传递问题研究方法上的突破，此后该方法在汇率传递研究中应用广泛。一些学者运用 VAR 方法对多个样本国家的汇率传递问题进行实证研究，如 McCarthy（2000）采用了 VAR 的方法研究了一些工业化国家的汇率对进口价格、生产者价格和消费者价格的传递效应。Hahn（2003）和 Faruqee（2004）则利用同样的方法研究了欧元区国家的汇率和进口价格变动对 PPI 和 CPI 的影响。另一些学者利用 VAR、结构 VAR 以及向量误差修正模型（VECM 模型）研究单一样本进行实证分析，如 Gueorguiev（2003）和 Rowland（2003）则采用 VAR 方法分别研究了汇率对罗马尼亚和哥伦比亚国内价格的传递效应，Billmeier 等（2004）采用结构 VAR 方法和 VECM 方法对克罗地亚的汇率传递效应进行了研究。Faruqee（2006）等则利用 VAR 模型分析汇率在不同阶段对不同价格的传递效应，以探寻汇率传递的动态特征。Almukhtar 和 Goodwin（2007）采用非线性的门限协整模型研究汇率变动规模的大小对汇率传递效应的。

（四）研究结论的比较与归纳

1. 汇率不完全传递的普遍性

绝大多数的实证研究表明，汇率传递是不完全的，不仅汇率传递是不完全的，而且相对于部分传递过程时滞也是普遍存在的，如 Helkie、Hooper（1988）发现进口价格的传递时滞达到 8 个季度，Clark Leith（1990）研究显示时滞达到 5 个季度。那些发现汇率完全传递的小部分的研究通常意味着汇率变动对价格的转移机制存在着更长的时滞。

2. 不同规模的国家汇率传递存在差异

传递程度倾向于与国家的规模相反，即大规模的经济体传递程度较低，而小规模经济体的传递程度较高。Knetter（1995）研究了 6 个美国的出口产业和 10 个德国的出口产业，发现美国的出口价格对汇率变动的涨跌不敏感，但发生价格调整时，它会放大汇率变化对消费者货币价格的影响；德国出口价格对汇率涨跌更敏感，价格调整能稳定目标市场的消费者货币价格。

3. 不同行业及产品间的传递程度也是不同的

在不同产品之间汇率传递弹性是有差异的，一般地初级产品的传递弹性要大于工业制成品的。Goldberg（1995）通过对 1983～1987 年美国汽车产业的分析，得出了进口产品的美元价格对汇率的变动反应不敏感的结论；这种价格惰性反应了不完全竞争市场有差异产品的按市定价行为（PTM）；汇率传递效应对进口价格的影响是不对称的；美元贬值对进口价格的影响程度大于美元升值时的影响程度。还发现进口的日本汽车价格传递系数比德国汽车的传递系数小，主要是德国和日本汽车的需求价格弹性系数及其波动率不同所致。同时，他认为贸易限制会影响汇率的价格传递效应。模型显示居民过去的消费习惯影响现在的购买行为，当生产者考虑这些因素，并且认为汇率的变动是暂时的，在汇率变动的成本冲击时只会部分提高价格，即不完全传递效应。

4. 传递系数的非稳定性

多数实证研究结果表明传递系数是不稳定的。结构的突变打破了原有的传递关系，使之发生改变。早期的一些研究检验了在汇率升值与贬值期间传递不对称的可能性，Mann（1986）和 Marston（1990）等的实证结果证明这种传递的不对称是存在的，而 Lawrence（1990）等则未发现汇率传递不对称的证据。

实证研究发现20世纪90年代以来汇率传递弹性出现了下降的趋势，如 Kichian（2001）对加拿大的实证研究结果显示加拿大的进口及消费价格对90年代汇率的变动反应程度有所下降。Campa、Goldberg（2002），Gagnon、Ihrig（2004），Bailliu、Fujii（2004）对工业化国家汇率传递的实证研究表明汇率传递在这一期间呈下降的趋势。

Campa、Goldberg（2005）运用1975～2003年的季度数据对23个OECD 国家汇率传递效应对进口价格的影响进行了分析。认为在短期内大量事实表明汇率变动对进口价格是部分传递的，特别是在制造业更明显。长期内汇率变动对大部分进口产品的价格传递更接近完全传递。汇率变动率高的国家汇率传递弹性系数大，而影响各国间汇率传递效应的宏观经济变量包括通胀率、货币供给的增长、名义汇率变动率等。在进行模型的稳定性检验时，发现传递效应的弹性系数在样本区间内下降，主要原因是这些国家在样本期间内进口篮子中商品组成成分发生了显著的变化，能源类所占比例下降，工业制品类比例提高。

Bouakez、Rebei（2008）① 采用结构化的一般均衡模型，将汇率传递作为内生因素，对加拿大的汇率传递问题的估计表明汇率对进口价格的传递是稳定的，而对消费价格的传递是下降的，这种下降的主要原因在于加拿大转向通货膨胀目标制度的货币政策。

---

① Bouakez& Rebei, Has Exchange Rate Pass – through Really Declined? Evidence from Canada", *Journal of International Economics 2008*, 75, PP. 249 – 267.

二、国内学者对人民币汇率传递的实证研究综述

国内对人民币汇率传递问题的研究起步较晚，较早的研究成果出现在 2001 年。近年来，由于人民币汇率制度改革启动了人民币升值的步伐，使得该问题成为金融领域的研究热点。现将近年来具代表性的研究成果按时间顺序列举，如下：

陈六傅、刘厚俊（2007）以国际石油价格、产出缺口、货币供应量、人民币名义有效汇率 NEER、进口价格指数 IPI 和消费价格指数 CPI 六变量构建的 VAR 模型分析了基于月度数据的 NEER 对 IPI 与 CPI 的影响，结果表明影响程度非常低；同时还得出在低通胀时期汇率对进口价格传递效应增强而对消费价格传递效应则减弱的结论。

陈学彬等（2007）基于 22 种分类出口商品的面板数据，考察了我国出口商品总体和各行业的汇率传递率及盯市能力，结果表明我国分行业出口商的盯市能力差异较大，劳动密集型行业盯市能力较强；能源、原材料等表现出没有或下降的盯市能力；其他一些加工贸易行业等表现出部分盯市能力。

陈浪南等（2008）采用协整检验及误差修正模型分析了基于季度数据的人民币名义有效汇率对国内价格的传递，结论是：对进口价格传递明显，人民币每升值 1% 引起进口价格指数降低 0.529%；对生产者价格影响也比较显著，人民币每升值 1% 引起生产者价格指数降低 0.5066%；对消费价格的影响相对较弱，人民币每升值 1% 引起消费价格指数降低 0.481%；传递还存在结构变化现象，在通胀率较高的时期传递效较高。

施建淮等（2008）采用结构 VAR 模型，选择国际能源价格指数、产出缺口、货币供应量、人民币名义有效汇率、进口价格指数、PPI 与 CPI 七个变量的季度数据进行了实证研究，结果表明人民币名义有效汇率对国内价格的传递是不完全的且存在一定的时滞，进口价格指数最敏

感，其次是 PPI，最后是 CPI。

王胜、李睿君（2009）通过协整检验与向量误差修正模型根据月度数据研究了在国际价格竞争条件下人民币兑美元名义汇率变动对中国向美国出口的商品价格的传递效应，发现剔除国际价格竞争则汇率变动对出口价格影响不大。

纪敏（2009）采用 VAR 模型，选择了反应外部成本冲击的国际油价和大宗商品价格、反应外部需求冲击的贸易顺差、反应货币冲击的国际利率水平和汇率（以人民币实际有效汇率为代理变量）等变量的月度数据研究了外部供给与需求及货币冲击对我国价格的影响，关于人民币有效汇率升值对我国价格影响的实证结论是：在短期内对通胀的抑制较小，但随着滞后期的延长抑制效应逐渐增强。

倪克勤、曹伟（2009）分别采用单方程协整分析和自回归分布滞后模型研究了基于月度数据的人民币名义有效汇率对国内消费价格的传递，结果表明人民币每升值 1 个单位，CPI 下降 0.38 个单位；同时发现汇率传递率呈下降趋势，通货膨胀率、汇率波动率以及真实 GDP 都显著地影响人民币汇率传递效应。

从上述研究来看，国内学者对汇率传递的研究呈现以下特点：（1）不涉及传递理论的推演，只以现有的国外研究者的理论为基础进行实证检验。（2）研究中的技术方法主要有单方程协整、VAR 模型、自回归分布滞后模型等，使用的数据多为季度的、月度的时间序列数据，也有用面板数据的。（3）对汇率这个重要变量的代理变量选择有三种：人民币名义有效汇率、人民币实际有效汇率和人民币对美元双边名义汇率，而以名义有效汇率居多。（4）汇率传递的涉及范围较广，多数成果都研究了汇率对价格的各个环节（如 IPI、CPI 和 PPI）的传递，能够全面反映汇率对我国物价水平的影响。（5）所有的研究结论一致表明汇率的不完全传递性，少数成果还揭示了我国汇率传递率的变化趋势以及影响传递率的宏观因素。总之，国内学者占据了后发优势将已有的研究方法和汇率传递可能涉及的研究对象考虑得比较全面，遗憾的是缺乏创新。

第三节　汇率失调对物价水平的影响机制

以往的研究对于汇率变动对物价水平的影响机制有较为完整的表述。通常情况下，汇率变动会通过进口商品价格、生产成本而直接对物价水平产生影响；汇率变动还可以通过改变一国国际收支状况而影响一国收入水平、货币需求与货币供给等，进而对物价水平产生间接影响。而谈及汇率失调问题，基本上都是将其视为汇率的某种变动，并且认为汇率失调对物价水平的影响与汇率变动对物价水平的影响是相同的，即币值高估相当于本币升值、币值低估相当于本币贬值。但是实际上我们不能将汇率失调视同于汇率变动，二者之间最主要的差异在于预期。

一、汇率变动对物价水平的影响机制

（一）进口最终消费品的直接价格机制——从进口价格到消费价格

汇率变动首先通过影响作为最终消费品的进口商品的价格进而影响一国的消费价格。在进口商品外币价格不变的条件下，本币贬值通常导致进口品本币价格的上升，从而带动国内消费价格的上涨；而本币升值则导致进口品本币价格的下降，从而带动国内消费价格的下降。汇率对进口消费品价格的影响虽然是最直接的，但是最终影响结果还有赖于市场的条件。在完全竞争的市场条件下，不存在三级价格歧视，因此汇率变化能够完全地传递到进口消费品价格上；而在不完全竞争、厂商的定价策略以及运输成本等因素的影响下，汇率变动对进口消费品价格的传递不完全，汇率传递程度与一国进出口行业垄断程度、进出口贸易厂商定价的程度以及运输成本的大小成反比。除了受到传递程度的制约，汇率对国内消费价格的影响程度则要看进口消费品在居民总消费额中所占的比重，该比重越大则汇率变动通过进口消费品价格影响国内消费价格的效应就越大。

（二）进口中间投入品的生产成本机制——从进口价格到生产者价格

汇率变动还通过影响作为中间投入品的进口半成品与原材料的价格进而影响国内价格水平。汇率变动对进口半成品与原材料的影响与对进口最终消费品的影响是相似的，所不同的是进口的半成品与原材料并不是直接进入消费市场，而是先在本国的加工后才进入市场。也就是说，进口半成品与原材料的价格只是厂商生产的一部分成本，汇率变化对生产成本的影响程度由该进口半成品与原材料在总成本中的比例决定。产品成本中进口半成品与原材料所占比例越大，汇率变动对产品的生产成本的影响越大。而汇率对生产成本的影响将进一步影响到生产价格指数，并最终与进口消费品及其他因素如通货膨胀情况、工资粘性等一起影响国内价格水平。

（三）货币工资机制——从名义工资到生产者价格再到消费价格

汇率的变动通过影响实际工资水平，从而产生对名义工资调整或居民消费倾向改变的影响，最终推动国内价格相应地变动。

本币贬值使进口最终消费品国内价格上升，这会推动生活费用的上涨，从而导致工资收入者要求更高的名义工资，更高的名义工资又会推动货币生产成本和生活费用的上升。如此循环往复，最终使出口商品和进口替代品乃至一般物价水平上升。

本币升值则进口最终消费品价格的下降引起一国国内整体价格的下降，推动居民生活费用的下降，从而在名义工资不变的情况下，导致实际工资上升。更高的实际工资则要求居民购买更多的商品，而国内生产商面对相对下降的商品价格却无心提供更多的商品，引起了供需缺口的扩大，国家不得不进口更多的商品，而更多的低价进口商品则加剧了这种通货紧缩。

（四）收入机制——从总需求到一般物价水平

根据弹性理论，本币升值将使一国净出口下降，从而减少本国收入水平导致本国总需求水平下降；总需求的下降将通过影响居民收入来改变商品的需求水平与价格水平，最终将影响一般物价。当然这种结果的发生是有条件的。如果国内对进口商品的需求弹性较高，从而本币的升值不得不导致进口总量的增加，同样，外国对本国的出口产品的需求弹性较高，从而本币的升值不得不导致出口的总量减少，本国的收入就会减少，支出就会增加，导致贸易收支的恶化。贸易收支的恶化，使该国总需求水平下降，对物价产生下调的牵引力。本币贬值的情况与之相反。

（五）货币供应机制——从货币供应量到一般物价水平

本币升值后，一方面由于货币工资机制的作用，货币供应量相对于实际工资所要求的货币供应量是减少的，更多的本币将被兑换成外汇资产，外汇资产将更多作为国际结算的工具。这也导致了在一定时期内，在货币当局发行货币一定的条件下，较多的本币兑换成外币，无疑导致国内货币供应量的减少。另一方面由于本币升值可能减少一国贸易顺差，中央银行在外汇市场上结汇方面投放的基础货币亦将减少，也会导致货币供应量的减少。在其他条件不变的情况下，本币货币供应量的减少，将导致国内一般物价水平的下降，严重地则会发生通货紧缩。本币贬值结论与之相反。

二、汇率失调对物价水平影响的预期机制

前述汇率变动对物价水平的影响机制也完全适用于汇率失调，但是汇率失调还会通过预期机制而影响到一国的物价水平。

汇率处于低估或高估状态自然会形成即将变动的预期。一旦本币升值或本币贬值的预期形成了，则短期内很难逆转。本币贬值由于其对进出口贸易收支的改善作用而通过外贸乘数带动国内经济增长，因此，本

币贬值往往被认为是扩张性的；相反本币升值则被当成是紧缩性的。对应地，将形成物价上涨或物价下降的预期。比如升值预期一旦形成，则生产者把升值预期纳入特殊的生产成本，把升值对物价水平可能的负面影响以及长期升值的不确定性也纳入生产函数，进而影响生产的积极性。消费者因本币的升值预期而更倾向于持有本币资产，消费也更加谨慎。这两方面的作用使得社会总需求相对不足，物价水平趋于下跌。

但是，在汇率失调情况下形成的汇率预期对物价水平的影响更可能是另一种情况。如果汇率变动改变了投资者与投机者对未来汇率走势的预期，假设预期本币将进一步升值则会吸引大量热钱进入本国市场，货币当局为防止汇率过度波动而进行的外汇干预也将随之变化，从而影响本国市场的货币供应，并可能最终影响到国内物价水平。对物价水平的最终影响还要取决于货币当局的干预类型，若采用非冲销干预在外汇市场抛售本币，则本国货币供应量会增加，一般物价水平上升；若采用冲销干预一边在外汇市场抛售本币，另一边在国债市场回笼本币，则本国货币供给量不变，但是货币供给结构发生改变。这种情况下往往对国内部门产生收缩作用，而对热钱追逐的部门产生扩张作用，并可能由于热钱对某些资产的热炒而形成资产泡沫。

第六章 人民币汇率失调与国内
物价水平关系的实证分析

上一章我们从理论上探讨了汇率传递问题，汇率变动（或汇率失调）会通过直接价格机制、生产成本机制、收入机制、货币供应机制及预期机制影响到物价水平的变动。本章将实证分析人民币汇率失调与我国物价水平之间的变动关系。

第一节 人民币汇率失调与国内物
价变动的对应关系分析

我们通过图形来观察样本期间人民币汇率失调与国内物价水平的对应关系，将第三章中关于人民币实际汇率失调的测算结果与我国物价水平变动的代表变量 DCPI 的季度数据做图形对比（如图 6-1 所示）。

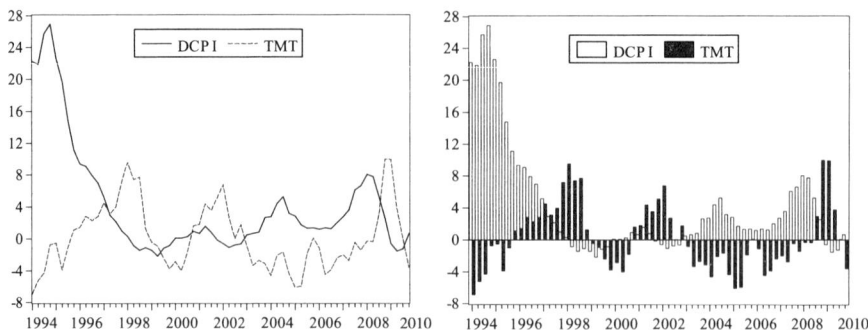

图 6-1 DCPI 与 TMT 对比图

通过图 6 - 1 可以粗略地看到，自 1994Q1～2009Q4 我国消费物价指数的变动 DCPI 与长期汇率失调指标 TMT 在趋势上形成一种较为明显的对应关系，即通货膨胀对应汇率低估、通货紧缩对应汇率高估。这样的对应关系验证了笔者最初对二者关系的猜测。

一、人民币低估与通货膨胀的对应时期

（一）1994 年第一季度——1997 年第四季度

表 6 - 1　1994Q1～1997Q4 我国 CPI 变动与同期 TMT 测算结果的对比

时间	94Q1	94Q2	94Q3	94Q4	95Q1	95Q2	95Q3	95Q4
DCPI	22.2	21.7	25.7	26.9	22.6	19.7	14.8	11.1
TMT	- 8.77	- 7.04	- 6.04	- 2.40	- 2.11	- 5.35	- 2.36	- 0.10
时间	96Q1	94Q2	96Q3	96Q4	97Q1	97Q2	97Q3	97Q4
DCPI	9.36	9.06	7.93	6.96	5.17	2.93	2.13	1
TMT	0.36	1.87	1.46	2.13	3.96	2.71	3.68	7.03

数据来源：CPI 来自中经网数据库，TMT 来自本文第三章的测算结果。

1994 年我国实施汇率并轨，人民币对美元官方汇率一次性向外汇市场调剂汇率靠拢，当时的官方汇率为 1 美元兑换人民币 5.8 元，而调剂市场汇率为 1 美元兑换人民币 8.7 元左右。汇率并轨使得名义汇率一次性贬值 50%，同期名义有效汇率贬值 16.79%，实际有效汇率贬值 24%。并轨后人民币对美元名义汇率没有进一步下跌而是略有升值，到 1997 年平均为 8.28，升值幅度不大。而同期的有效汇率则表现为较大幅度的上升，其中名义有效汇率从 83.21 上升到 92.55，实际有效汇率从 76.04 上升到 100.36。有效汇率的大幅度上升是对此期间汇率低估的自我纠正。

此次汇率制度改革初期人民币汇率较高的低估幅度，对我国进出口贸易起到了较大的刺激作用。1994 年我国实现对外贸易顺差 60 亿美元，央行外汇储备增加 304.21 亿美元；1995 年对外贸易顺差达到 167 亿美元，央行外汇储备增加 219.77 亿美元。持续快速增长的顺差在扭转了我国长期以来的外汇短缺局面的同时，也给货币当局制造了新的困

难。不断累积的顺差增加了我国外汇市场的外汇供给，央行不得不大量购买外汇投放基础货币。1994 年我国基础货币投放总量增长 31.5%，其中外汇占款增加 3072.1 亿元，比 1993 年多增加 2742.3 亿元，外汇占款占当年基础货币投放的 75%。1994 年我国 M1 与 M2 分别增长 26.8%、34.3%，分别比计划确定的监控目标高出 3.8 与 9.4 个百分点①。与之相应，1994 年我国物价水平出现了自 1988 年以来增幅最高的两位数的持续高速增长，物价增幅从当年 3 月以后一直居高不下，到下半年增速更是加快。1995 年我国把治理通货膨胀作为宏观调控的重中之重，在监控货币供应量的同时采取了提高再贷款利率与金融机构贷款利率的调控手段。全年基础货币投放 3603.9 亿元，比上年少增加 391.6 亿元，其中外汇占款增加 2247 亿元，占比 66%。M1 与 M2 分别增长 16.8% 与 29.5%，其中 M1 增长率控制在目标以内，M2 增长率高于目标 4.5 个百分点，物价上涨率有所回落②。1996 年央行继续执行适度从紧的货币政策，全年基础货币投放增加 6400 亿元，其中外汇占款增加 2819 亿元，占基础货币增加额的比重为 44%，比上年下降 22 个百分点。M1 与 M2 分别增长 18.9% 与 25.3%，基本达到年初计划控制目标，物价上涨幅度也回落到年初制定的 10% 的控制目标内③。

（二）2003 年第二季度——2008 年第二季度

表 6 - 2　2003Q2 ~ 2008Q2 我国 CPI 变动与同期 TMT 测算结果的对比

时间	03Q2	03Q3	03Q4	04Q1	04Q2	04Q3	04Q4	05Q1	05Q2	05Q3	05Q4
DCPI	0.67	0.83	2.67	2.77	4.4	5.27	3.17	2.83	1.73	1.33	1.37
TMT	− 1.28	− 0.69	− 1.18	− 2.73	− 0.31	0.00	− 2.82	− 4.69	− 4.70	− 0.86	0.94
时间	06Q1	06Q2	06Q3	06Q4	07Q1	07Q2	07Q3	07Q4	08Q1	08Q2	
DCPI	1.2	1.37	1.27	2.03	2.73	3.6	6.1	6.63	8.03	7.77	
TMT	− 0.48	− 4.02	− 3.67	− 2.41	− 2.28	− 3.30	− 1.28	− 2.52	− 1.70	− 2.03	

数据来源：CPI 来自中经网数据库，TMT 来自本文第三章的测算结果。

---

① 中国金融年鉴编辑部：《中国金融年鉴》1995 年刊，第 32 - 33 页。
② 中国金融年鉴编辑部：《中国金融年鉴》，1996 年刊，第 28 - 29 页。
③ 中国金融年鉴编辑部：《中国金融年鉴》，1997 年刊，第 31 - 32 页。

　　2003 年第二季度起人民币币值出现了第二次低估，本书的测算结果表明本次低估的程度比较温和，但是持续时间较长。2003 年国际社会强迫人民币升值的呼声一浪高过一浪。迫于强大国际压力，我国于2005 年实施人民不汇率制度改革，人民币对美元汇率逐渐升值。但是升值在短期并未根本改变币值低估的局面，反而由于采取的是渐进升值的方式引起了人民币可能进一步大幅升值的预期。在 2006 年之后人民币逐渐出现快速升值的势头，逐渐形成了较为坚定的人民币升值预期，从而使得大量国际资本流入国内。

　　2002～2006 年间中国通货膨胀的周期性变化以温和为主要特征，但是这段时间以后持续的资产价格膨胀带动的"非理性繁荣"，是2007～2008 年通货膨胀高企的重要原因之一。2006 年的低通胀并没有持续太长时间。自 2007 年第二季度以后，在经济高速增长的同时，CPI 通胀率呈现逐月攀升的态势，从 4 月份的 3.0% 一路上升到 11 月份的6.9%，12 月份稍有回落（6.5%）。虽然 2007 年全年的 CPI 通胀率上升幅度低于 5%，仍属于温和通货膨胀，但是其继续上涨的压力很大。[1]由于人民币大幅升值对中国出口贸易的紧缩效应，导致中国 2008 年经济增长显露出减缓势头，而此时由于全球能源价格高涨和人民币进一步升值预期造成的国际流动性资金涌入国内，导致国内房地产、股票价格非理性上涨，结构性通胀压力巨大。

　　综合这两个阶段的币值低估与同期物价水平走势的分析，可以粗略地判断币值低估的通货膨胀效应主要是通过收入机制、货币供应机制和预期机制实现的。

---

　　① 来自中国人民银行 2007 年《货币政策执行报告》。

二、人民币高估与通货紧缩的对应时期

(一) 1997 年第四季度——1999 年第四季度

表 6 - 3　1997Q4 ~ 1999Q4 我国 CPI 变动与同期 TMT 测算结果的对比

时间	97Q4	98Q1	98Q2	98Q3	98Q4	99Q1	99Q2	99Q3	99Q4
DCPI	1	0.3	-0.87	-1.43	-1.1	-1.43	-2.17	-1.17	-0.83
TMT	7.03	9.50	7.46	7.86	1.54	-0.08	-0.47	-1.82	-3.05

数据来源：CPI 来自中经网数据库，TMT 来自本文第三章的测算结果。

1997 年爆发的亚洲金融危机到 1998 年危机程度进一步加剧，对我国经济的负面冲击也逐渐显现出来。1998 年亚洲货币普遍大幅度贬值，尤其是 1998 年 6 月 15 日日元对美元跌至 146.75 近八年来的最低点，到 8 月 11 日创出 147.65 的新低。这对人民币形成了巨大的贬值压力。我国政府坚定地承担起维护亚洲地区稳定的责任，对外承诺并维持了人民币兑美元汇率的稳定。由于人民币对其他货币的汇率是以美元汇率为基准换算的，因此，此举相当于同美元一道对其他货币升值。结果使得这一时期人民币名义与实际有效汇率，相比危机以前分别上升了 14 个百分点和 12 个百分点，人民币高估幅度大约在 7% 左右。危机导致的外需下降和币值高估共同作用使得我国经济陷入前所未有的通货紧缩。币值高估的通缩效应主要是通过贸易收支顺差下降、经济增长放缓以及贬值预期引起的净资本流出等因素实现的。1998 ~ 1999 年我国出口增速大幅度下降，1998 年进出口总额比上年下降了 0.4%，1998 年第三季度出现出口负增长，全年贸易顺差 293.24 亿美元；1999 年贸易顺差236 亿美元，GDP 名义增长 4.6%[①]。2000 年随着亚洲各国经济的复苏及我国扩大内需政策效果的显现，GDP 增长率停止下滑，实现增长

[①] 《中国金融年鉴》1998 年刊、1999 年刊。

8%，同年实现贸易顺差 309 亿美元①。伴随着经济增长停滞及出口下滑，我国资本项目连续三年逆差，表明我国发生了一定程度的资本外逃现象。上述因素的收缩作用使得我国国内物价首次出现了负增长，并持续了 7 个季度。

（二）2000 年第四季度——2002 年第四季度

表 6 - 4　2000Q4 ~ 2002Q4 我国 CPI 变动与同期 TMT 测算结果的对比

时间	00Q4	01Q1	01Q2	01Q3	01Q4	02Q1	02Q2	02Q3	02Q4
DCPI	0.93	0.67	1.57	0.8	-0.13	-0.6	-1.07	-0.77	-0.63
TMT	2.91	3.23	5.92	5.24	6.92	8.67	4.72	2.06	3.82

数据来源：CPI 来自中经网数据库，TMT 来自本文第三章的测算结果

2001 年美国和日本经济同时陷入衰退，欧元区经济加速下滑。"9·11"事件使美国和世界经济雪上加霜，股市大幅缩水，金融市场动荡加剧。主要工业国家大幅降息，美联储年内连续 11 次降息，联邦基金利率累计下调 4.75 个百分点至 1.75%；欧洲中央银行 4 次降息，其主导利率累计下调 1.5 个百分点至 3.25%。2001 ~ 2002 年全球货币政策宽松态势并没有促使全球通货紧缩压力减弱。2002 年，大多数国家和地区通货膨胀率显著低于 20 世纪 80 年代和 90 年代的平均水平。2002 年，美国和欧盟通货膨胀率估计分别为 1.5% 和 2.1%，均低于 2001 年 2.8% 和 2.6% 的水平。日本和亚洲一些新兴市场经济体仍被通货紧缩困扰，日本物价估计为 -1%，比 2001 年低 0.3 个百分点②。工业国家整体通货膨胀率仅为 1.4%，比 2001 年低 0.8 个百分点。在此阶段，我国由于前期扩张性政策的效果正逐步走出金融危机的阴影，表现出低物价指数高经济增长经济的良好态势，但期间也有 5 个季度 CPI 增长率为负值，表明通货紧缩风险尚存。

① 《中国金融年鉴》2000 年。
② 来自中国人民银行 2001 年、2002 年《货币政策执行报告》。

（三）2008 年第三季度——2009 年第四季度

表 6 - 5　2008Q3～2009Q4 我国 CPI 变动与同期 TMT 测算结果的对比

时间	08Q3	08Q4	09Q1	09Q2	09Q3	09Q4
DCPI	5.27	2.53	-0.6	-1.53	-1.27	0.67
TMT	0.95	7.68	7.30	0.78	-3.27	-7.31

数据来源：CPI 来自中经网数据库，TMT 来自本文第三章的测算结果。

　　我国于 2005 年 7 月 21 日实施第二次汇率制度改革，使人民币进入升值通道。汇改以来至 2009 年年末，人民币对美元汇率累计升值 21.21%，对欧元汇率累计升值 2.21%，对日元汇率累计贬值 0.98%。根据国际清算银行的计算，同期人民币名义有效汇率升值 12.7%，实际有效汇率升值 16.3%，人民币汇率再次出现高估现象。受币值高估及国际经济形势变化的影响，我国经济再次陷入通货紧缩。

　　2007 年下半年，美国爆发次贷危机，并逐渐演变成全球金融危机拖累全球经济。并从 2008 年下半年开始对我国产生负面影响，我国进出口贸易增速下滑，净出口对经济增长的贡献率大幅下降。2008 年我国进出口总值为 2.6 万亿美元，增长 17.8%，增速比上年下降 5.7 个百分点。其中，出口 1.4 万亿美元，增长 17.2%，增速比上年回落 8.5 个百分点；进口 1.1 万亿美元，增长 18.5%，增速比上年低 2.3 个百分点。全年实现贸易顺差 2981 亿美元，增长 12.5%，增速比上年回落 35.5 个百分点，比上年增加 328 亿美元。净出口对经济增长的贡献率为 9.1%，同比下降 10.7 个百分点。2008 年，我国国内生产总值（GDP）为 30.1 万亿元，同比增长 9%，增速比上年低 4 个百分点。分季度看，第一季度到第四季度分别增长 10.6%、10.1%、9% 和 6.8%。2009 年 12 月份出口增速由负转正，同比增长 17.7%；进口同比增幅连续 12 个月为负后，11 月份增长 26.7%，年内首次实现正增长。全年出口 1.2 万亿美元，下降 16.0%，比上年低 33.2 个百分点；进口 1.0 万亿美元，下降 11.2%，比上年低 29.7 个百分点；贸易顺差 1961 亿美元，比上年减少 1020 亿美元。2009 年，实现国内生产总值（GDP）33.5 万亿元，比上年增长 8.7%，增速比上年低 0.9 个百分点。最终消费、资本形成和净出口对 GDP 的贡献率分别为 52.5%、92.3% 和 −44.8%[①]。

综合两年来我国进出口贸易及 GDP 的增长情况，可以看到：次贷危机引起的外需下降是我国经济增速放慢、价格持续下跌的主要原因，人民币汇率持续升值导致的币值高估对其起到了推波助澜的作用。

第二节　人民币汇率失调与国内物价水平变动的因果关系分析

无论是从图 6−1 直观的结果还是对于相关阶段人民币汇率失调与同期物价走势关系的实际经济状况的考察，都可以断定二者之间存在着对应关系。那么，这种对应关系的存在是否表明他们之间也存在着因果关系？因果关系是怎样的呢？下面将根据 VAR 模型及 Granger 因果关系检验加以求证。

采用 Granger 因果关系检验分析人民币实际有效汇率失调与同期物价水平变动之间是否存在着因果关系。

一、DIPI、DPPI、DCPI 与 TMT 平稳性检验

对 DIPI、DPPI、DCPI 与 TMT 数据序列 ADF 检验结果如下：

表 6−6　ADF 检验结果（1994Q1~2009Q4）

变量	检验形式（C，T，L）	ADF 统计量	1% 显著水平下的临界值	5% 显著水平下的临界值	10% 显著水平下的临界值
DIPI	(C，N，1)	−6.589615	−3.540198	−2.909206	−2.592215

---

① 来自中国人民银行 2007 年、2008 年、2009 年《货币政策执行报告》。

变量	检验形式 (C, T, L)	ADF 统计量	1%显著水平下 的临界值	5%显著水平下 的临界值	10%显著水平下 的临界值
DPPI	(N, N, 4)	−3.021795	−2.602794	−1.946161	−1.613398
DCPI	(N, N, 5)	−3.082383	−2.605442	−1.946549	−1.613181
TMT	(N, N, 1)	−3.321795	−2.602794	−1.946161	−1.613398

检验结果表明 DIPI、DPPI、DCPI 与 TMT 均是平稳序列。

二、DIPI、DPPI、DCPI 与 TMT 的 Granger 因果检验

（一）DIPI 与 TMT 的 Granger 因果检验

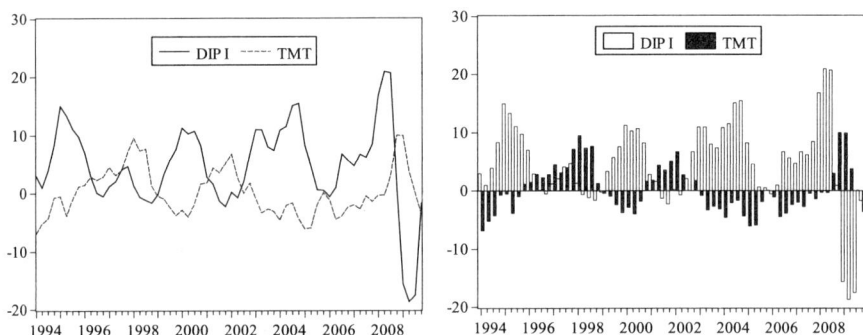

图 6-2　DIPI 与 TMT 对比图

表 6-7　Granger 因果检验结果

滞后一阶		
原假设	F – Statistic	Probability
TMT 不是 DIPI 的 Granger 原因	15.2674	0.00024
DIPI 不是 TMT 的 Granger 原因	9.04271	0.00385
滞后二阶		
原假设	F – Statistic	Probability
TMT 不是 DIPI 的 Granger 原因	6.79427	0.00226
DIPI 不是 TMT 的 Granger 原因	2.56414	0.08584

检验结果表明，TMT 是 DIPI 的 Granger 原因，DIPI 不是 TMT 的 Granger 原因。

VAR 模型估计结果见表 6-8：

表 6-8 VAR 估计结果

	DIPI	TMT
DIPI（-1）	0.660314	0.125470
	(0.07893)	(0.04172)
	[8.36552]	[3.00711]
FTMT（-1）	-0.562666	0.899073
	(0.14400)	(0.07612)
	[-3.90735]	[11.8112]
C	1.692345	-0.525159
	(0.34754)	(0.65746)
	[-1.51108]	[2.57407]

（二）DPPI 与 TMT 的 Granger 因果检验

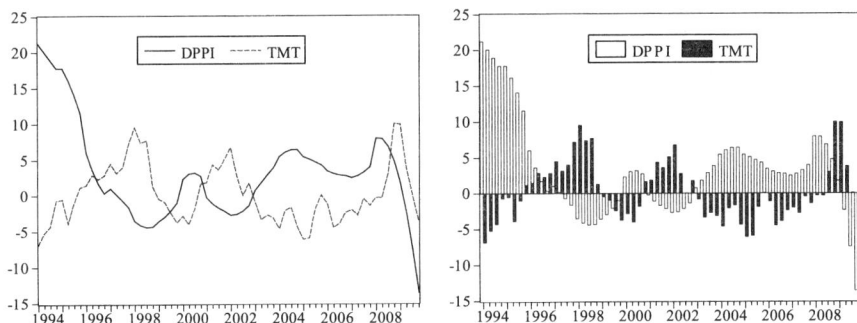

图 6-3 DPPI 与 TMT 对比图

表 6-9 Granger 因果检验结果

滞后一阶		
原假设	F-Statistic	Probability
TMT 不是 DPPI 的 Granger 原因	16.2396	0.00016
DPPI 不是 TMT 的 Granger 原因	2.57277	0.11397
滞后二阶		
原假设	F-Statistic	Probability
TMT 不是 DPPI 的 Granger 原因	1.91118	0.15726
DPPI 不是 TMT 的 Granger 原因	0.55279	0.57840

检验结果表明，TMT 是 DPPI 的 Granger 原因，但是 DPPI 不是 TMT 的 Granger 原因。

VAR 模型估计结果：

表 6.10　VAR 估计结果

	DPPI	TMT
DPPI （−1）	0.874226	0.067599
	(0.02998)	(0.04389)
	[29.1616]	[1.54013]
TMT （−1）	−0.233137	0.848639
	(0.05316)	(0.07783)
	[−4.38558]	[10.9037]

（三）DCPI 与 TMT 的 Granger 因果检验

表 6−11　Granger 因果检验结果

滞后一阶		
原假设	F − Statistic	Probability
TMT 不是 DCPI 的格兰杰原因	14.7484	0.00030
DCPI 不是 TMT 的格兰杰原因	2.00235	0.16222
滞后二阶		
原假设	F − Statistic	Probability
TMT 不是 DCPI 的格兰杰原因	2.63649	0.08033
DCPI 不是 TMT 的格兰杰原因	0.75105	0.47648

检验结果表明，TMT 是 DCPI 的 Granger 原因，但是 DCPI 不是 TMT 的 Granger 原因。

VAR 模型估计结果见表 6−12：

表 6−12　VAR 估计结果

	DCPI	TMT
DCPI （−1）	0.906678	0.049747
	(0.02077)	(0.03618)
	[43.6626]	[1.37503]
TMT （−1）	−0.160062	0.824346
	(0.04232)	(0.07373)
	[−3.78213]	[11.1801]

Granger 因果关系检验的结果表明，汇率失调是我国物价指数的变化 Granger 原因；反过来，我国物价指数变化不是汇率失调的 Granger 原因；我国物价水平变动的主要影响因素是其自身的冲击，汇率失调与我国物价水平呈反向变动关系。这个结果进一步验证了对比分析中得出的结论：汇率低估与通货膨胀相对应，汇率高估与通货紧缩相对应。

纠正汇率失调意味着实际汇率的调整与变动，这种调整与变动或者是人为的被动地调整或者是其自我修复，其目标都是回复均衡。无论通过哪种方式使汇率回复均衡，过程中的汇率变动是必然的。那么，汇率从失调到均衡的调整过程将会对国内物价产生怎样的影响呢？

第三节　基于 VAR 模型的人民币实际有效汇率对国内物价的传递效应

一、样本数据与变量

本书所采用的数据时间跨度为 1994 年第一季度到 2009 年第四季度。数据指标包括：来自 IMF 的世界石油价格（OIL）、中国国内生产总值（GDP）、中国货币供应量（M2）、来自 BIS 的人民币名义有效汇率（NEER）与实际有效汇率（REER）、来自中经网的进口价格指数（IPI）、工业品出厂价格指数（PPI）、消费者价格指数（CPI）。本书的实证分析思路与 McCarthy（2006）的研究相似，研究多层次冲击对我国国内价格的影响。世界石油价格反映外生供给冲击、由中国国内生产总值计算得到的产出缺口作为需求冲击，货币供应量的变动反映货币冲击、汇率变动反映汇率冲击。

（一）对原数据的整理

将世界石油价格整理得到同比价格指数（OPI），将 GDP 和 M2 整理得到季度值，利用 X12 进行季节调整，并分别计算 GDP 和 M2 与上年同期数据的比值，分别记作 GDPI 与 M2I，用于表示 GDP 增长变动及 M2 增减变动。经过这样的变化后，与价格指数序列数据具有同样的量纲，便于分析。对全部变量的数值取自然对数。

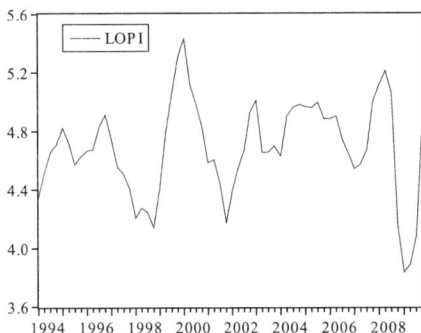

图 6-4　世界石油价格

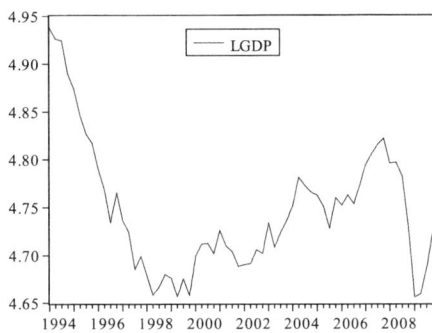

图 6-5　中国国内生产总值

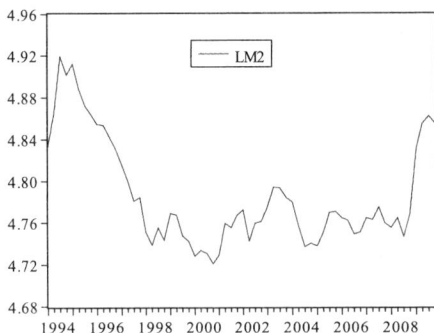

图 6-6　中国货币供应量

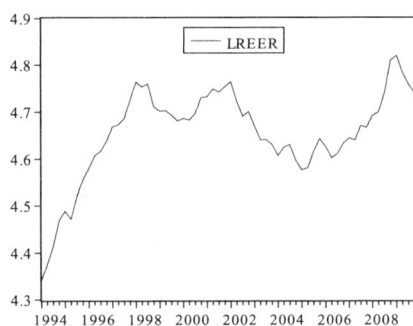

图 6-7　人民币实际有效汇率

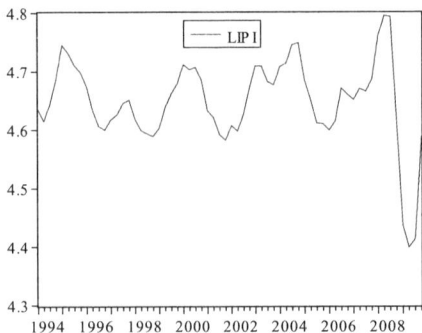

图 6-8　进口价格指数

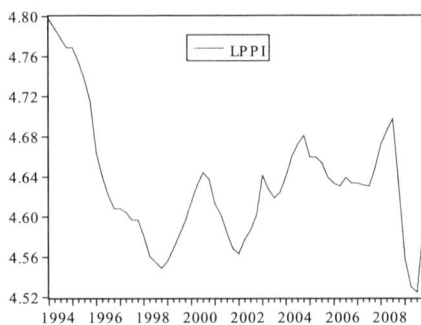

图 6-9　工业品出厂价格指数

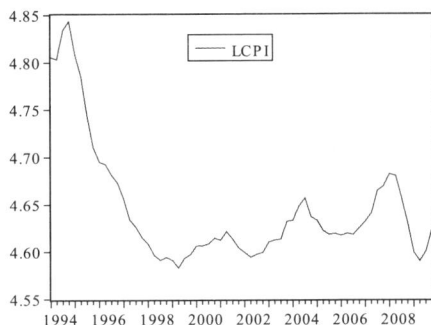

图6-10 消费者价格指数

（二）领先与滞后关系判断

为了判断人民币有效汇率与国内各种价格指数之间的关系。我们利用时差相关系数全面考察人民币实际有效汇率与进口价格指数、工业品出厂价格指数、消费者价格指数三个指数之间的简单领先与滞后相关关系。由结果可知人民币实际有效汇率在领先进口价格指数、工业品出厂价格指数和消费者价格指数一期时，具有最大的相关关系，相关关系分别是 -0.39、-0.71 和 -0.8，同时表明人民币有效汇率变动和国内物价水平变动负相关。

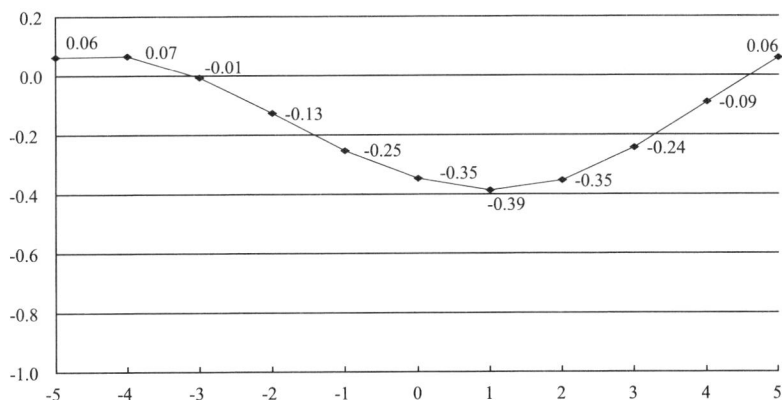

图6-11 实际有效汇率与进口价格指数的时差相关系数

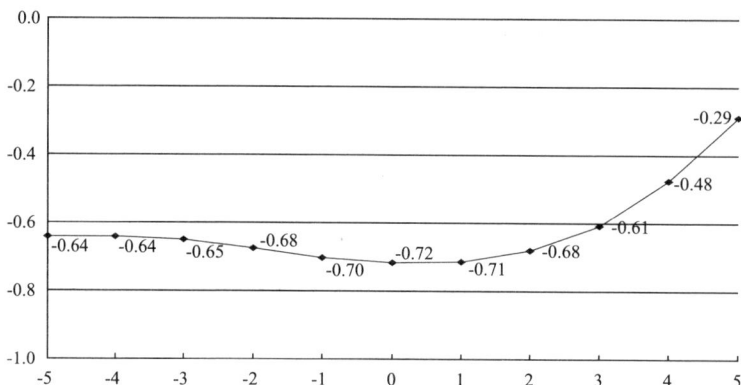

图 6-12　实际有效汇率与工业品出厂价格指数的时差相关系数

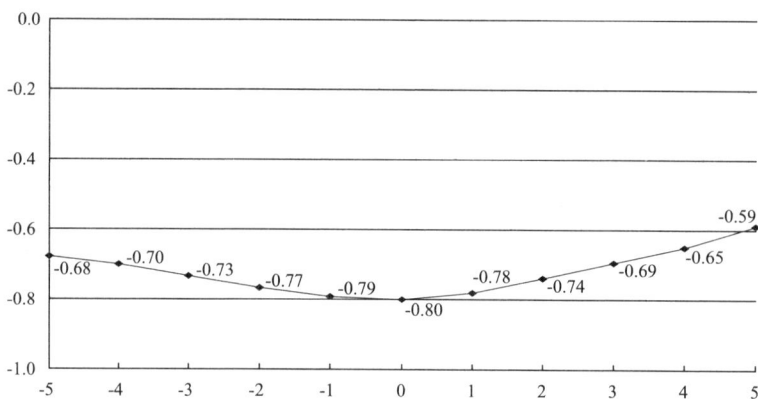

图 6-13　实际有效汇率与消费者价格指数的时差相关系数

（三）对所有变量的平稳性进行检验

本书采用 ADF 检验和 PP 检验两种方法进行变量序列的平稳性检验。检验结果可知石油价格指数、国内生产总值变动指数、货币供应量变动指数、实际有效汇率、进口价格指数、工业品出厂价格指数和消费者价格指数所有序列均为非平稳序列，对所有序列进行一阶差分后均为平稳序列。

表 6 – 13 指标变量的平稳性检验表

	水平值		一阶差分	
	ADF 检验	*PP* 检验	*ADF* 检验	*PP* 检验
LOPI	– 2. 761369	– 2. 894268	– 7. 896701 * * *	– 4. 172884 * * *
LGDP	– 1. 234297	– 1. 164658	– 6. 515503 * * *	– 6. 494907 * * *
LM2	– 1. 037485	– 1. 556158	– 5. 375856 * * *	– 6. 522431 * * *
LREER	– 2. 841473	– 2. 864013	– 5. 039496 * * *	– 5. 048911 * * *
LIPI	– 0. 405769	– 0. 172544	– 7. 482282 * * *	– 2. 423543 * *
LPPI	– 1. 010986	– 1. 088755	– 5. 179526 * * *	– 3. 825472 * * *
LCPI	– 0. 458645	– 1. 139743	– 2. 964736 * * *	– 3. 934674 * * *

注:*、**、***分别表示统计量的值以 10% 、5% 和 1% 的置信水平拒绝原假设。

二、基于 VAR 模型的实证分析

本节运用向量自回归 *VAR* 模型估计人民币名义有效汇率对国内物价的传递动态,并且进行脉冲响应函数和方差分解分析。其函数形式和基本思想如下:

Sims（1980）提出向量自回归模型 *VAR*,一般形式地 *VAR*(*P*) 模型为:

$$y_t = A_1 y_{t-1} + A_2 y_{t-2} + \cdots + A_p y_{t-p} + Bx_t + \varepsilon_t, t = 1,2,\cdots,T \quad (6.3.1)$$

可转化成无穷阶的向量动平均 *VMA*(∞) 形式:

$$y_t = C(L)\varepsilon_t \quad (6.3.2)$$

其中,y_t 是 k 维内生变量向量,x_t 是 d 维外生变量向量,p 是滞后阶数,T 是样本个数;$k \times k$ 维矩阵 $A_1, \cdots A_p$ 和 $k \times d$ 维矩阵 B 是要被估计的系数矩阵;ε_t 是 k 维扰动向量。

由于只有内生变量的滞后值在等式右边,所以不存在同期相关性问题,用普通最小二乘法 *OLS* 能得到 *VAR* 简化式模型的一致且有效的估计量。

脉冲响应函数 *IRF*,是对 *VAR* 模型受到某种冲击时对系统的动态影响作分析。脉冲响应函数可以刻画出当期波动对未来的影响。过程是先固定其他变量的创新基础上，改变一个变量的变化，进而传遍整个系统的创新发生改变，以及向量中每一个变量发生改变。方程如下：

$$\Delta y_{t+s} = \frac{\partial y_{t+s}}{\partial \varepsilon_{1t}}\delta_1 + \frac{\partial y_{t+s}}{\partial \varepsilon_{2t}}\delta_2 + \cdots + \frac{\partial y_{t+s}}{\partial \varepsilon_{nt}} + \delta_n = \Psi_s \delta \quad (6.3.3)$$

把 ψ_s 的第 i 行、第 j 列元素作为 s 的一个函数，作为 y_j 关于 y_i 冲击的一个反应。一般对创新采用乔拉斯基分解，目的是把原始向量自回归创新分解成一组不相关成分，计算 y_{t+s} 对新成分的每单位脉冲反应。

（一）VAR 模型的构造与估计

我们根据世界石油价格指数（LOPI）、国内生产总值变动指数（LGDP）、人民币实际有效汇率（LREER）、进口价格指数（LIPI）、工业品出厂价格指数（LPPI）、消费者价格指数（LCPI）、货币供应量（LM2）的顺序建立 VAR 模型。我们假定的冲击顺序是：石油价格变动代表的供给冲击在先，其次是国内生产总值的变动代表的需求冲击，再次是有效汇率变动引起的汇率冲击，最后是货币供应量变动代表的货币冲击。供给冲击、需求冲击和汇率冲击都将影响央行的货币政策。所有冲击都是沿着价格链的传递方向发生的，不存在反向作用。

通过 Johansen 检验结果确认变量间不存在协整关系，因此将以变量的一阶差分序列构造 VAR 模型。VAR 系统的 7 个特征根全部都在单位圆内，表明 VAR 系统是稳定的。经 AIC 准则，确定建立滞后一阶的 VAR 模型，估计结果见表 6-14：

表 6-14　VAR 系统估计结果表

	DLOPI	DLGDP	DLREER	DLIPI	DLPPI	DLCPI	DLM2
DLOPI (-1)	0.511214	0.019638	-0.015659	0.090052	0.030493	0.015223	-0.018
	-0.15681	-0.01718	-0.01998	-0.02905	-0.01139	-0.00901	-0.01319
	[3.26013]	[1.14311]	[-0.78386]	[3.10016]	[2.67750]	[1.68880]	[-1.36450]

续表

	DLOPI	DLGDP	DLREER	DLIPI	DLPPI	DLCPI	DLM2
DLGDP (−1)	− 0. 306493	− 0. 19234	− 0. 037854	0. 112101	0. 053043	0. 163931	− 0. 1327
	− 1. 42212	− 0. 15581	− 0. 18118	− 0. 26344	− 0. 10329	− 0. 08175	− 0. 11965
	[− 0. 21552]	[− 1. 23448]	[− 0. 20893]	[0. 42553]	[0. 51356]	[2. 00524]	[− 1. 10905]
DLREER (−1)	− 2. 757709	− 0. 32561	0. 375715	− 0. 461671	− 0. 257805	− 0. 10986	− 0. 05663
	− 1. 05644	− 0. 11574	− 0. 13459	− 0. 1957	− 0. 07673	− 0. 06073	− 0. 08889
	[− 2. 61038]	[− 2. 81323]	[2. 79154]	[− 2. 35911]	[− 3. 36003]	[− 1. 80905]	[− 0. 63708]
DLIPI (−1)	1. 099042	0. 028555	0. 103262	0. 485731	0. 0981	− 0. 05636	− 0. 23078
	− 1. 05504	− 0. 11559	− 0. 13441	− 0. 19544	− 0. 07662	− 0. 06065	− 0. 08877
	[1. 04171]	[0. 24704]	[0. 76825]	[2. 48535]	[1. 28027]	[− 0. 92931]	[− 2. 59983]
DLPPI (−1)	− 6. 985326	− 0. 08492	0. 068979	− 1. 067863	− 0. 094429	0. 010523	0. 216195
	− 2. 35157	− 0. 25764	− 0. 29959	− 0. 43561	− 0. 17079	− 0. 13518	− 0. 19785
	[− 2. 97049]	[− 0. 32961]	[0. 23024]	[− 2. 45141]	[− 0. 55290]	[0. 07784]	[1. 09270]
DLCPI (−1)	3. 966917	0. 485161	− 0. 182308	1. 061875	0. 543337	0. 365496	0. 243219
	− 2. 20353	− 0. 24142	− 0. 28073	− 0. 40819	− 0. 16004	− 0. 12667	− 0. 1854
	[1. 80026]	[2. 00965]	[− 0. 64941]	[2. 60145]	[3. 39508]	[2. 88540]	[1. 31188]
DLM2 (−1)	0. 722197	− 0. 0101	− 0. 075063	0. 072445	− 0. 034851	0. 189042	0. 038028
	− 1. 47382	− 0. 16147	− 0. 18776	− 0. 27301	− 0. 10704	− 0. 08472	− 0. 124
	[0. 49002]	[− 0. 06254]	[− 0. 39977]	[0. 26536]	[− 0. 32559]	[2. 23129]	[0. 30667]
C	0. 011937	− 0. 00041	0. 00326	0. 004035	0. 000537	− 0. 00046	0. 000518
	− 0. 02572	− 0. 00282	− 0. 00328	− 0. 00476	− 0. 00187	− 0. 00148	− 0. 00216
	[0. 46420]	[− 0. 14466]	[0. 99517]	[0. 84709]	[0. 28737]	[− 0. 30851]	[0. 23952]

（二）脉冲响应

考察一个标准差的汇率冲击对进口价格、工业品出厂价格以及消费者价格的影响。发现国内价格对人民币汇率的冲击的反应都是负向的。

Response of DLIP I to Cholesky
One S.D.DLREER Innovation

Accumulated Response of DLIP I to Cholesky
One S.D. DLREER Innovation

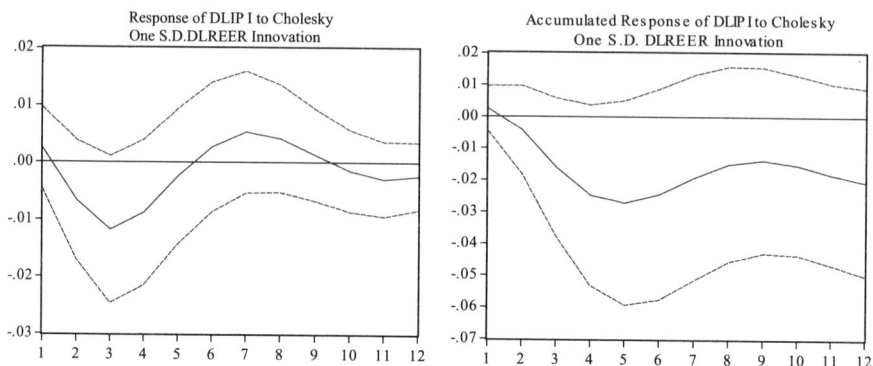

图 6 - 14　进口价格的汇率冲击响应

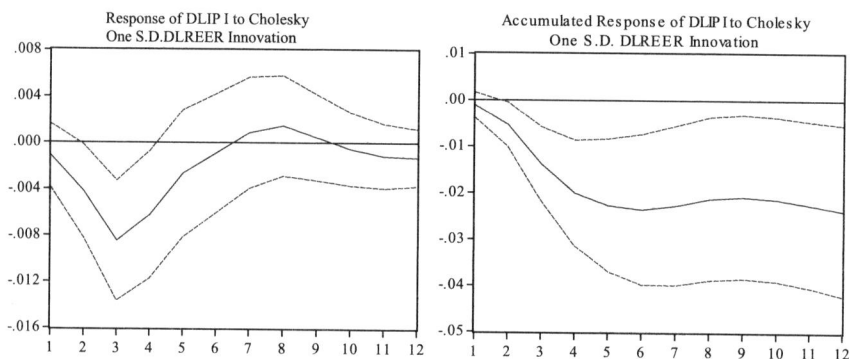

Response of DLIP I to Cholesky
One S.D.DLREER Innovation

Accumulated Response of DLIP I to Cholesky
One S.D. DLREER Innovation

图 6 - 15　工业品出厂价格的汇率冲击响应

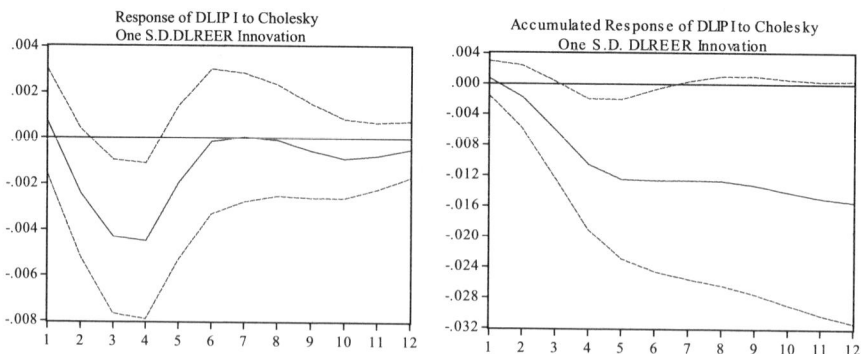

Response of DLIP I to Cholesky
One S.D.DLREER Innovation

Accumulated Response of DLIP I to Cholesky
One S.D. DLREER Innovation

图 6 - 16　消费者价格的汇率冲击响应

　　结果表明进口价格对汇率变动冲击的反应在第 3 个季度达到最大值 -0.0093，到第 5 个季度影响几乎消失，为 -0.0024，累积影响为

-0.0239；工业品出厂价格对汇率变动的反应在第 3 个季度达到最大值 -0.0052，到第 6 个季度影响几乎消失，为 -0.0003，累积影响为 -0.0175；消费者价格对汇率变动的反应在第 3 个季度达到最大值 -0.0033，到第 6 个季度影响几乎消失，为 -0.00004，累积影响为 -0.0062。由当期影响最大值可知，国内价格对汇率变动冲击的反应强度由大到小依次为进口价格、工业品出厂价格和消费者价格。当期影响最大值实现期数为第 3 季。当期影响消失期数为第 6 季。国内价格对汇率变动冲击的反应的持续期基本相同。由累积影响可知，国内价格对汇率变动冲击的反应程度由大到小依次为进口价格、工业品出厂价格和消费者价格。

表 6 - 15　国内价格对人民币实际有效汇率冲击的反映

滞后期	LIPI		LPPI		LCPI	
	当期	累积	当期	累积	当期	累积
1	0.00167	0.00167	-0.000955	-0.000955	0.001718	0.001718
2	-0.00696	-0.00529	-0.004805	-0.00576	-0.001859	-0.00014
3	-0.00927	-0.01456	-0.005169	-0.010928	-0.003344	-0.00349
4	-0.00697	-0.02153	-0.004226	-0.015154	-0.001833	-0.00532
5	-0.00241	-0.02394	-0.002028	-0.017182	-0.000828	-0.00615
6	0.000853	-0.02309	-0.000292	-0.017474	-0.000044	-0.00619
7	0.00208	-0.02101	0.000611	-0.016863	0.000172	-0.00602
8	0.001653	-0.01935	0.000682	-0.016181	0.000123	-0.0059
9	0.000621	-0.01873	0.000346	-0.015835	-0.000022	-0.00592
10	-0.00023	-0.000022	-0.000022	-0.015856	-0.000115	-0.00603
11	-0.00056	-0.01952	-0.000215	-0.016071	-0.000125	-0.00616
12	-0.00047	-0.01998	-0.00022	-0.016291	-0.000080	-0.00624

（三）累积传递系数的估计

脉冲响应函数反映了汇率冲击对价格链各个阶段的价格的影响程度

及持续情况，没有给出汇率的变动对价格传递程度的直接结论。根据汇率传递的定义"汇率变动一个百分点引起价格变动的百分比"，我们利用脉冲响应函数来推导出传递系数。这里的传递系数是指一次汇率冲击引起价格发生持续变动形成的到某一时期累积的变动程度，因此又叫做累积传递系数（Cumulative Pass——Through Coefficient，CPC）。这个累积传递系数可以由汇率冲击发生后 N 个月引起的价格指数的累积脉冲响应（Price Cumulative Impulse，PCI）除以对应时期汇率的累积脉冲响应（Exchange Rate Cumulative Impulse，ECI）获得[①]。即：

$$CPC = \frac{PCI}{ECI} \times 100$$

表 6 – 16　人民币实际有效汇率对国内价格的累积传递

滞后期	LREER	LIPI		LPPI		LCPI	
	累积脉冲	累积脉冲	累积传递系数	累积脉冲	累积传递系数	累积脉冲	累积传递系数
1	0.023131	0.00167	0.0721975	- 0.000955	- 0.04129	0.001718	0.074273
2	0.031553	- 0.00529	- 0.167781	- 0.00576	- 0.18255	- 0.00014	- 0.00447
3	0.035113	- 0.01456	- 0.41469	- 0.010928	- 0.31122	- 0.00349	- 0.09928
4	0.036206	- 0.02153	- 0.59457	- 0.015154	- 0.41855	- 0.00532	- 0.14688
5	0.036116	- 0.02394	- 0.662864	- 0.017182	- 0.47574	- 0.00615	- 0.17017
6	0.035692	- 0.02309	- 0.64684	- 0.017474	- 0.48958	- 0.00619	- 0.17343
7	0.035404	- 0.02101	- 0.593351	- 0.016863	- 0.4763	- 0.00602	- 0.16998
8	0.035374	- 0.01935	- 0.547097	- 0.016181	- 0.45743	- 0.0059	- 0.16665
9	0.035517	- 0.01873	- 0.527438	- 0.015835	- 0.44584	- 0.00592	- 0.1666
10	0.035695	- 0.01896	- 0.531083	- 0.015856	- 0.44421	- 0.00603	- 0.16899
11	0.035812	- 0.01952	- 0.544957	- 0.016071	- 0.44876	- 0.00616	- 0.17193
12	0.035847	- 0.01998	- 0.55748	- 0.016291	- 0.45446	- 0.00624	- 0.17399

[①]　Duma Nombulelo, "Pass – Through of Exteral Shocks to Inflation in Sri Lanka", *IMF Working Papers*, No. 0878. Mar. 2008

表 6 - 16 的结果表明，人民币实际有效汇率对国内价格的传递是负向的并且是沿着价格链递减的，对进口价格的传递程度最高，累积传递系数最大值为 - 0.6629；对工业品出厂价格的传递程度次之，累积传递系数最大值为 - 0.4896；对消费价格的传递程度最低，累积传递系数最大值为 - 0.1734。汇率传递存在明显的时滞，进口价格传递时滞为 5 个季度、工业品出厂价格与消费价格传递时滞均为 6 个季度。

上述对传递系数的估计结果与采用同样方法的多数文献中的结论是一致的。如 Choudhri 等（2002）运用 VAR 方法对除美国以外的 G7 国家的汇率传递进行了研究，结果表明各国汇率对于进口价格的传递均在第 4 个季度达到峰值，平均为 - 0.73；对 PPI 的传递多在第 4 季度达到峰值，其中意大利最高为 - 0.34，加拿大次之为 - 0.28，六国平均为 - 0.15；对 CPI 的传递在第 10 个季度达到峰值，其中德国为 - 0.36，意大利为 - 0.26，加拿大为 - 0.20，六国平均为 - 0.19[①]。Faruqee（2004）采用 VAR 模型估计结果显示汇率对进口价格传递在第 18 个月达到峰值，美国为 - 0.30，日本为 - 0.57，英国为 - 0.60，加拿大为 - 0.68，欧元区为 - 1.17[②]。

（四）方差分解

通过方差分解了解各变量冲击在解释国内价格波动中的重要程度。

表 6 - 17 国内价格预测误差的方差分解

预测变量	预测期数	对预测变量的解释程度（%）						
		DLOPI	DLGDP	DLREER	DLIPI	DLPPI	DLCPI	DLM2
LIPI	1	37.01857	1.308782	0.228883	61.44377	0	0	0
	2	47.84897	3.103715	2.375556	36.64947	5.415765	4.550857	0.055667
	3	45.15321	3.395104	5.072956	29.81065	8.707934	6.628265	1.231878
	4	42.26848	3.199599	6.41749	29.85874	9.271379	7.050317	1.933993

① Choudhri, Faruqee & Hakura, "Explaining the Exchange Rate Pass - Through in Different Prices", *IMF Working Paper*, No. 224, Dec. 2002.

② Faruqee, "Exchange Rate Pass - Through in the Euro Area: the Role of Asymmetric Pricing Behavior", *IMF Working Paper*, No. 14. Jan. 2004.

续表

预测 变量	预测 期数	对预测变量的解释程度（%）						
		DLOPI	DLGDP	DLREER	DLIPI	DLPPI	DLCPI	DLM2
CIPI	5	42. 1484	3. 147041	6. 441871	30. 30665	9. 024836	6. 870724	2. 060474
	6	42. 65309	3. 161627	6. 332559	29. 88381	9. 104011	6. 846629	2. 018271
	7	42. 63587	3. 154735	6. 398326	29. 53721	9. 305047	6. 923146	2. 045668
	8	42. 47802	3. 143162	6. 460958	29. 51604	9. 366915	6. 947446	2. 087454
	9	42. 4625	3. 141517	6. 463018	29. 54493	9. 353784	6. 937246	2. 097009
	10	42. 49616	3. 143657	6. 455963	29. 5202	9. 35441	6. 935418	2. 094196
	11	42. 49747	3. 143882	6. 460573	29. 49541	9. 366254	6. 940831	2. 095581
	12	42. 48629	3. 143133	6. 465623	29. 49273	9. 370738	6. 943016	2. 098472
LPPI	1	35. 80001	7. 339373	0. 486749	15. 26259	41. 11128	0	0
	2	46. 44318	10. 19536	6. 585793	8. 654485	21. 71475	6. 330126	0. 076311
	3	44. 14111	10. 32314	10. 17278	6. 89137	18. 59459	8. 751448	1. 125571
	4	40. 35311	9. 586048	12. 34202	8. 389219	17. 88777	9. 538459	1. 903374
	5	39. 39656	9. 264685	12. 63555	9. 848484	17. 31369	9. 369875	2. 171162
	6	39. 84406	9. 113385	12. 39919	10. 14519	17. 14614	9. 211313	2. 140719
	7	40. 01819	9. 025394	12. 30985	10. 0317	17. 25764	9. 218734	2. 138491
	8	39. 907	8. 985354	12. 3297	10. 03349	17. 33046	9. 239483	2. 174524
	9	39. 86346	8. 973886	12. 33116	10. 0896	17. 32045	9. 231249	2. 190194
	10	39. 89374	8. 96996	12. 31717	10. 10167	17. 30477	9. 224071	2. 188635
	11	39. 90627	8. 966147	12. 31405	10. 09308	17. 30585	9. 226269	2. 188335
	12	39. 89788	8. 963429	12. 31736	10. 09328	17. 30859	9. 228618	2. 190847
LCPI	1	8. 064019	17. 07397	2. 516871	0. 709071	1. 364878	70. 2712	0
	2	12. 51616	24. 02792	3. 385899	2. 59638	1. 055487	52. 09615	4. 322002
	3	11. 50775	21. 42515	7. 898677	5. 445386	1. 11326	48. 11488	4. 494899
	4	10. 97857	20. 77655	8. 904722	7. 424713	1. 054255	46. 10153	4. 759651
	5	11. 4272	20. 36583	9. 010855	8. 088508	1. 202267	45. 19756	4. 70778
	6	11. 81118	20. 1843	8. 930993	8. 12065	1. 468671	44. 81738	4. 666824
	7	11. 87236	20. 12062	8. 914948	8. 096642	1. 621066	44. 70175	4. 672612
	8	11. 86342	20. 108	8. 913751	8. 114773	1. 650994	44. 66834	4. 680724
	9	11. 89265	20. 10241	8. 908729	8. 123173	1. 650026	44. 64369	4. 679319
	10	11. 91837	20. 09549	8. 909134	8. 119105	1. 655429	44. 62524	4. 677236
	11	11. 92249	20. 09069	8. 91292	8. 118685	1. 660676	44. 61674	4. 677806
	12	11. 9213	20. 08872	8. 914647	8. 121768	1. 661658	44. 61334	4. 678574

对于进口价格变动，进口价格自身的冲击随着时间推移而不断减弱，由最初的 61.44% 下降到 29.49% 左右；外生供给冲击对进口价格波动的解释力能力很强，在 42.49% 左右，汇率冲击的解释力短期内较弱为 0.23%，但是随着时间的推移解释力逐渐增加，到了第 5 个季度，汇率冲击能解释 6.44% 左右的进口价格变动；需求冲击的解释力长期为 3.14% 左右；货币冲击的解释力长期在 2.10% 左右。

对于工业品出厂价格波动，外生供给冲击解释力最强为 39.90%，自身的冲击解释力较强，能达到 17.31%，汇率冲击的解释力在 12.32%，需求冲击的解释力在 8.96%，货币冲击的解释力长期在 2.19% 左右。

对于消费者价格变动，自身的冲击解释力最强，最高能达到 52.10%，长期为 44.61%，其次是需求冲击在 20.09%，外生供给冲击的解释力为 11.92%，汇率冲击在 8.91% 左右，货币冲击的解释力长期在 4.68% 左右。

这说明除变量自身之外，外生供给冲击对于国内价格的波动解释能力较强，并且对进口价格、工业品出厂价格及消费者价格的影响是递减的，对前两项解释力达到 40%。

需求冲击的解释力是沿价格链递增的，对进口价格波动解释较弱，其次是工业品出厂价格，需求冲击对于消费者价格解释能力较强。

汇率冲击的解释能力总体较强，对于工业品出厂价格最强，其次是消费者价格变动，而对进口价格解释最弱。

货币冲击对价格的解释能力非常弱，其中对消费价格变动的解释力为 4.68%，对工业品出厂价格和进口价格的解释力都在 2% 左右。

三、稳健性检验

在 VAR 模型的估计中，变量顺序（或识别策略）可能对估计结果产生较大的影响。因此，我们考虑通过调整变量顺序的方式来检验上述估计结果的稳健性。

第一种变量顺序：考虑央行的货币政策是根据对未来物价走势的预

期而制定并实施的，则货币政策将对当期国内生产总值变动、汇率以及价格产生影响，因而变量的具体顺序为：世界石油价格指数（LOPI）、货币供应量（LM2）、国内生产总值变动指数（LGDP）、人民币实际有效汇率（LREER）、进口价格指数（LIPI）、工业品出厂价格指数（LP-PI）、消费者价格指数（LCPI）。

考虑国内生产总值变动可能受到世界能源价格、汇率和进口价格等外生冲击的影响，那么可以得到第二种和第三种变量顺序。第二种变量顺序：世界石油价格指数（LOPI）、货币供应量（LM2）、人民币实际有效汇率（LREER）、进口价格指数（LIPI）、国内生产总值变动指数（LGDP）、工业品出厂价格指数（LPPI）、消费者价格指数（LCPI）。第三种变量顺序：世界石油价格指数（LOPI）、人民币实际有效汇率（LREER）、进口价格指数（LIPI）、国内生产总值变动指数（LGDP）、工业品出厂价格指数（LPPI）、消费者价格指数（LCPI）、货币供应量（LM2）。

根据上述三种备选的乔拉斯基分解排列顺序，我们采用 VAR 方法再次估计了汇率对 LIPI、LPPI 和 LCPI 的冲击效应。

表6-18　三种备选的乔拉斯基分解顺序下的汇率变动冲击效应

备选顺序 1											
时期	1	2	3	4	5	6	7	8	9	10	11	12
LIPI	0.0018	-0.0054	-0.0151	-0.0224	-0.0250	-0.0241	-0.0219	-0.0202	-0.0195	-0.0197	-0.0203	-0.0208
LPPI	-0.0009	-0.0057	-0.0111	-0.0155	-0.0176	-0.0179	-0.0173	-0.0165	-0.0162	-0.0162	-0.0164	-0.0166
LCPI	0.0016	-0.0005	-0.0039	-0.0058	-0.0067	-0.0067	-0.0065	-0.0064	-0.0064	-0.0065	-0.0067	-0.0068

备选顺序 2											
时期	1	2	3	4	5	6	7	8	9	10	11	12
LIPI	0.0010	-0.0076	-0.0182	-0.0257	-0.0280	-0.0268	-0.0245	-0.0227	-0.0221	-0.0224	-0.0230	-0.0235
LPPI	-0.0016	-0.0073	-0.0134	-0.0180	-0.0201	-0.0204	-0.0196	-0.0189	-0.0186	-0.0186	-0.0189	-0.0191
LCPI	0.0006	-0.0025	-0.0062	-0.0083	-0.0092	-0.0092	-0.0090	-0.0089	-0.0090	-0.0091	-0.0092	-0.0093

备选顺序 3											
时期	1	2	3	4	5	6	7	8	9	10	11	12
LIPI	0.0008	-0.0075	-0.0176	-0.0246	-0.0267	-0.0256	-0.0233	-0.0217	-0.0211	-0.0214	-0.0221	-0.0225
LPPI	-0.0017	-0.0074	-0.0132	-0.0176	-0.0197	-0.0199	-0.0192	-0.0185	-0.0182	-0.0182	-0.0185	-0.0187
LCPI	0.0008	-0.0021	-0.0057	-0.0077	-0.0085	-0.0086	-0.0084	-0.0083	-0.0084	-0.0085	-0.0086	-0.0087

从表6-18可以看出，按照三种备选的乔拉斯基分解排列顺序估计的结果和利用基本模型所估计的结果大体一致。短期国内价格对汇率冲击反应较小，到5个季度后汇率对IPI的影响基本都达到最大，人民币实际有效汇率对进口价格的最大影响在-0.025到-0.028之间，而6个季度后汇率对工业品出厂价格的影响在-0.018到-0.020之间，对消费者价格的影响在-0.007到-0.009之间。综上，基本模型的估计结果是很稳健的。

考虑到实证结果可能存在着对变量选择的依赖性，我们通过剔除某变量的实证结果的比较来考察模型估计的稳健性。我们分别剔除了工业品出厂价格指数和进口价格指数，并按照同样的方法以及同样的乔拉斯基分解顺序进行重新估计（见表6-19）。

表6-19 分别剔除了工业品出厂价格指数和进口价格指数的汇率变动冲击效应

1 剔除 LPPI											
时期	1	2	3	4	5	6	7	8	9	10	11	12
LIPI	0.0017	-0.0049	-0.0149	-0.0236	-0.0285	-0.0301	-0.0297	-0.0285	-0.0275	-0.0269	-0.0268	-0.0268
LCPI	0.0017	-0.0002	-0.0035	-0.0054	-0.0062	-0.0062	-0.0059	-0.0055	-0.0053	-0.0052	-0.0052	-0.0053

2 剔除 LIPI											
时期	1	2	3	4	5	6	7	8	9	10	11	12
LPPI	-0.0008	-0.0056	-0.0112	-0.0156	-0.0177	-0.0180	-0.0175	-0.0168	-0.0164	-0.0163	-0.0164	-0.0166
LCPI	0.0015	-0.0007	-0.0042	-0.0061	-0.0070	-0.0070	-0.0068	-0.0066	-0.0065	-0.0065	-0.0066	-0.0067

结果表明，剔除相关变量后，估计结果显示，人民币有效汇率对国内价格的影响与原模型方向一致，随着时间的推移逐渐增加。其中，剔除了工业品出厂价格后的结果与剔除了进口价格后的结果与基础模型结果存在较小的差异。因此，可以说基本模型的回归结果是稳健的。

四、结论

本节利用VAR模型估计了1994年第1季度到2009年第4季度期间人民币实际有效汇率对不同国内价格指数的冲击效应，估计了汇率变动的累积传递系数。并采用不同替代模型进行稳健性检验的结果表明原模型所估计的结果是稳健的。

冲击效应的分析结果表明，各种冲击对我国价格的解释能力存在显著差异。对于进口价格变动，进口价格自身的冲击随着时间推移而不断减弱，由最初的 61.44% 下降到 29.49% 左右；外生供给冲击对进口价格波动的解释力能力很强，在 42.49% 左右，汇率冲击的解释力短期内较弱为 0.23%，但是随着时间的推移解释力逐渐增加，到了第 5 个季度，汇率冲击能解释 6.44% 左右的进口价格变动；需求冲击的解释力长期为 3.14% 左右；货币冲击的解释力长期在 2.10% 左右。对于工业品出厂价格波动，外生供给冲击解释力最强为 39.90%，自身的冲击解释力较强，能达到 17.31%，汇率冲击的解释力在 12.32%，需求冲击的解释力在 8.96%，货币冲击的解释力长期在 2.19% 左右。对于消费者价格变动，自身的冲击解释力最强，最高能达到 52.10%，长期为 44.61%，其次是需求冲击在 20.09%，外生供给冲击能解释 11.92%，汇率冲击在 8.91% 左右，货币冲击的解释力长期在 4.68% 左右。这说明除变量自身之外，外生供给冲击对于国内价格的波动解释能力较强，并且对进口价格、工业品出厂价格及消费者价格的影响是递减的，对前两项解释力达到 40%。需求冲击的解释力是沿价格链递增的，对进口价格波动解释较弱，其次是工业品出厂价格，需求冲击对于消费者价格解释能力较强。汇率冲击的解释能力总体较强，对于工业品出厂价格较强，其次是消费者价格变动，而对进口价格解释最弱。货币冲击对价格的解释能力非常弱，其中对消费价格变动的解释力为 4.68%，对工业品出厂价格和进口价格的解释力都在 2% 左右。

对累积传递系数的估计结果表明，人民币实际有效汇率对国内价格的传递是负向的并且是沿着价格链递减的，对进口价格的传递程度最高，累积传递系数最大值为 -0.6629；对工业品出厂价格的传递程度次之，累积传递系数最大值为 -0.4896；对消费价格的传递程度最低，累积传递系数最大值为 -0.1734。汇率传递存在明显的时滞，进口价格传递时滞为 5 个季度、工业品出厂价格与消费价格传递时滞均为 6 个季度。

第四节 基于门限误差修正模型的人民币实际有效汇率的传递效应

一、人民币实际有效汇率对价格传递的非线性理论

Mann（1986）较早地研究了汇率变动方向与汇率传递的非对称性问题。Webber（2000）在对亚洲五国的研究中也找到了非对称性的证据。Kadiyali（1997）和 Goldberg（1995）研究中也指出非对称性的存在。Devereux 和 Yetman（2003）运用小型开放经济模型进行理论与实证研究，发现汇率传递效应是由进口企业价格变动的频率决定的，同时他们发现在传递效应与通货膨胀均值之间存在着正向的、非线性的关系，传递效应与汇率波动性也存在着正向关系。当汇率的波动性比较大时，促使企业遵循 PCP 定价，导致传递效应的增强，而这可以减缓汇率的波动。Campa 和 Goldberg（2005）研究结果认为在短期内大量事实表明汇率变动对进口价格是部分传递的，特别是在制造业更明显。长期内汇率变动对大部分进口产品的价格传递更接近完全传递，汇率变动率高的国家汇率传递弹性系数大。这些对汇率传递非对称性以及汇率波动性与传递效应关系的研究，引起了后续研究者对汇率变动的规模与汇率传递效应关系的研究的兴趣。Pollard 和 Coughlin（2004）首次提出了名义汇率变动规模效应的说法，他们以美国制造业进口价格为对象，探讨了汇率变动规模是否会影响汇率传递程度，结果表明在二者之间存在着正向关系。Marazzi、Sheets 和 Vigfusson（2005）在对美国进口价格汇率传递的研究中提到可能存在的非线性和门限效应问题，但是在实证研究中并未发现非线性关系的存在。Almukhtar 和 Goodwin（2007）研究指

出汇率传递存在着非线性，并且用门限协整模型检验这种非线性效应。

关于非线性效应产生的原因可以从影响传递效应的主要因素来考虑。影响汇率传递效应的两个因素：一是进口的计价货币；二是出口厂商的市场份额。根据 Obstfeld 和 Rogoff（1995）的研究，生产者在开放经济条件下能够选择以国内货币或国外货币定价，一方面，如果以出口商的货币计价，即生产者价格定价 PCP（Producer Currency Pricing），汇率变动传递到最终消费者的程度是完全的，进口商品会显示较大的价格弹性。另一方面，如果以商品目的地的当地货币计价 LCP（Local Currency Pricing），就完全不存在汇率传递，进口价格不受汇率变动的影响。而 Bacchetta、Wincoop（2002）研究发现市场份额和商品的分散化是制约出口企业计价货币选择的主要因素。市场份额越大，商品越分散化，出口商越可能选择以本国的货币计价（PCP）。因此，我们可以从一个出口厂商的定价模型出发讨论汇率传递的非线性问题。假定以生产者价格定价，则汇率对进口的传递程度的估计主要表现为进口价格对汇率变动的反应上：

$$p_t^{IM} = s_t + p_t^X \tag{6.4.1}$$

其中，s_t 为即时汇率的对数形式，p_t^{IM} 和 p_t^X 分别是进口商品的本外币价格的对数形式。假设出口商商品采用边际成本加成定价法确定，则有：

$$p_t^X = mkup_t^X(s_t) + mc_t^X \tag{6.4.2}$$

其中，$mkup_t^X(s_t)$ 和 mc_t^X 分别是加成和边际成本的对数形式。那么进口价格则可以写成：

$$p_t^{IM} = s_t + mkup_t^X(s_t) + mc_t^X \tag{6.4.3}$$

那么汇率变动规模将会决定生产商是否调整其加成规模。由于菜单成本的原因，当汇率变动较小时，生产商不会调整其加成；而汇率变动较大以致于影响到厂商的市场份额时，生产商将改变加成规模，从而产生较大的调整，进而会产生非线性效应。汇率传递系数可以写成：

$$ERPT_t = \frac{\partial \log p_t^{IM}}{\partial s_t} = \begin{cases} 1, & |\Delta s_t| \leqslant \theta \\ 1 + \dfrac{\partial mkup_t^X(s_t)}{\partial s_t}, & \Delta s_t > \theta \end{cases} \qquad (6.4.4)$$

其中,θ 是门限变量,它由诸如菜单成本的调整成本决定。

名义汇率变动对进口价格的传递程度将回复到由计价货币、名义汇率长期波动性、名义汇率与边际成本的相关性及其他宏观经济决定因素共同决定的均衡水平。然而,当一国货币汇率出现较大的波动时,传递的程度将偏离均衡水平。这种情况下,门限协整模型将会较好地捕捉汇率传递的这种变化过程。门限值可能与汇率变动规模有关,也可能与导致价格调整的成本因素有关。门限值将汇率变动与价格的传递关系分为两个阶段:一个阶段两变量之间不存在稳定的关系,而另一个阶段则存在显著的协整关系。前者对应的是汇率变动较小,从而传递程度较低的情况;而后者对应的是较大的汇率变动引起较大的汇率传递的情况。

基于上述非线性效应的理论分析,我们将建立非线性误差修正模型来考察人民币汇率传递效应。

二、非线性误差修正模型

基于 Hansen 和 Seo(2002)的研究,我们简要阐述非线性误差修正模型的构建方法。一般的线性误差修正模型可表示为:

$$\Delta x_t = A' X_{t-1}(\beta) + u_t \qquad (6.4.5)$$

其中,$X_{t-1}(\beta) = [1 w_{t-1}(\beta) \Delta x_{t-1} \cdots \Delta x_{t-l}, w_t(\beta) = \beta' x_t]$ 为协整方程,β 是协整向量,u_t 为有限方差的鞅差序列。

确定性区制转移变量,将非线性引入到模型中。由式(6.4.5)可建立门限误差修正模型如下:

$$\Delta x_t = \begin{cases} A'_1 X_{t-1}(\beta) + u_t & if \quad w_{t-1}(\beta) \leqslant \gamma \\ A'_2 X_{t-1}(\beta) + u_t & if \quad w_{t-1}(\beta) > 1 \end{cases} \qquad (6.4.6)$$

其中,w_t 是门限变量,γ 是门限参数值。式(6.4.6)的一种等价表

示为,

$$\Delta x_t = A'_1 X_{t-1}(\beta) d_{1t}(\beta,\gamma) + A'_2 X_{t-1}(\beta) d_{2t}(\beta,\gamma) + u_t \qquad (6.4.7)$$

其中,$d_{1t}(\beta,\gamma) = 1[w_{t-1}(\beta) \le \gamma]$,$d_{2t}(\beta,\gamma) = 1[w_{t-1}(\beta) > \gamma]$ 为示性函数。由式（6.4.7）可知，门限误差修正模型除协整向量外，其他控制变量动态变化的参数均可在两区制内转换。利用极大似然法估计获得式（6.4.7）中的单一协整向量 β 和单一门限效应参数 γ，利用自助抽样法获得检验门限效应统计量的渐进临界值和置信概率。

三、实证检验

（一）实际有效汇率对居民消费价格的非线性传递效应

基于前文对变量的平稳性检验结果。我们对实际有效汇率与居民消费价格两变量进行线性协整检验，当协整方程中存在常数项时，协整关系检验表明存在两个协整关系；若无常数项，则不存在协整关系。对带常数项情况，进行估计得到协整方程如下：

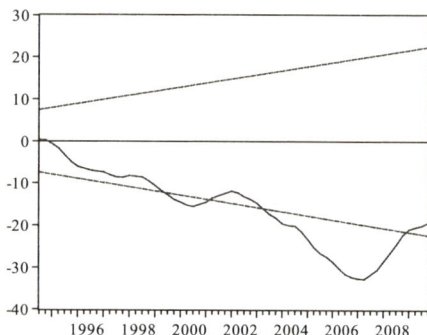

图 6 - 17　CUSUM 检验图

$$LCPI_t = \underset{0.213}{7.16} - \underset{0.045}{0.54} LREER_t \qquad (6.4.8)$$

利用 CUSUM 检验对其进行稳健性检验，发现模型不稳定。这意味着二者间可能存在着非线性关系[①]。

因此，我们进一步考察变量间是否存在非线性协整关系。首先，对协整向量和门限值的组合 (β,γ) 进行格子搜索，搜索范围基于线性协整模型中协整向量估计值的 95% 置信区间。通过格子搜索分别获得在

---

① 事实上存在常数项本身也是与汇率传递效应相矛盾的。

不同协整向量和门限值下的极大似然函数值（见图 6 - 18 和图 6 - 19），以及协整向量和门限值最优估计，如下：

$$\beta = -0.224, \gamma = 5.758, AIC = -506.68 \qquad (6.4.9)$$

构造检验门限效应的拉格朗日乘子统计量，并在自助抽样法下模拟该统计量分布获得其概率值，计算可得，

$$LM_{\text{sup}} = 13.761, p = 0.035 \qquad (6.4.10)$$

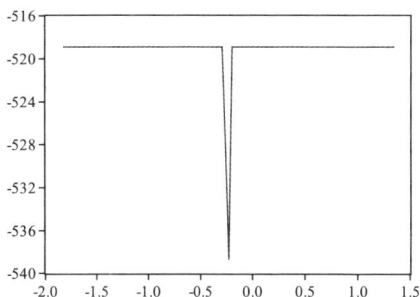

图 6 - 18　基于 β 的似然函数值　　图 6 - 19　基于 γ 的似然函数值

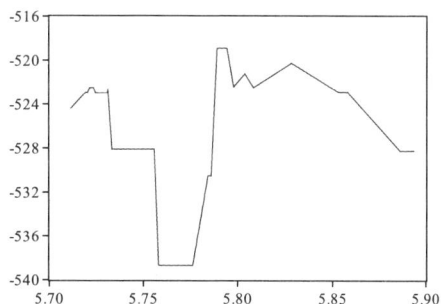

式（6.4.10）表明线性模型假设被显著拒绝，动态调整确实存在着显著的非对称效应。式（6.4.9）表明，在非线性模型下，协整向量的估计值为 - 0.224。

通过估计得到 CPI 相应的门限误差修正模型，如下：

$$\Delta LCPI_t = \underset{0.303}{0.74} - \underset{0.053}{0.13} w_{t-1} + \underset{0.081}{0.42} \Delta LCPI_{t-1} - \underset{0.052}{0.09} \Delta LREER_{t-1}$$

$$(6.4.11)$$

$$\Delta LCPI_t = \underset{0.992}{8.06} - \underset{0.171}{1.39} w_{t-1} + \underset{0.271}{0.34} \Delta LCPI_{t-1} - \underset{0.193}{1.16} \Delta LREER_{t-1}$$

$$(6.4.12)$$

式（6.4.11）和式（6.4.12）分别为区制一和区制二两种情况。对两个区制内样本数进行统计发现，区制一内样本个数占总样本数比例为 91.94%，属于典型区制。该区制内，长期协整关系系数为 - 0.13，表明偏离长期均衡路径对 CPI 变化有反向修正作用，CPI 自身变化有惯性作用，大小为 0.42，而实际有效汇率对 CPI 的传递效应为 - 0.09，但

效果不显著异于零。这表明在大多数时期内，CPI 变动与实际有效汇率变动联系主要体现在长期均衡关系。区制二内样本个数占比仅为 8.06%，属于特殊区制。该区制内，长期协整关系系数为 -1.39，表明偏离长期均衡路径对 CPI 变化有强烈放大反向修正作用，CPI 自身变化有惯性作用，大小为 0.34，而实际有效汇率对 CPI 的传递效应为 -1.16。表明在少数时期内，实际有效汇率变动对 CPI 变动影响存在强烈的短期滞后效应，并且二者长期均衡关系非正常偏离同样起到重要的修正作用，产生这一情况的原因很可能是实际有效汇率的非正常大规模变动。

（二）实际有效汇率对 IPI 和 PPI 的非线性传递效应

与 CPI 估计相似。IPI 和 PPI 协整向量的估计值分别为 -0.253 和 -0.467，理论上，IPI 传递系数应大于 PPI，PPI 大于 CPI，不过实际计算结果是 IPI 传递系数大于 CPI，而 PPI 传递系数大于 IPI。产生这一现象的原因有多种可能：一是实际有效汇率对 PPI 的确具有更大的传递效应；二是我们的模型中缺少其他控制变量，导致系数估计偏误不准确，针对这一情况我们将继续开展深入的研究。

第七章　主要结论及政策建议

本章将归纳与总结本书的理论与实证研究结论，并在此基础上提出相应的政策建议。

第一节　主要结论

一、关于人民币汇率失调的测算结论

本书基于 BEER 模型探讨了人民币均衡汇率的长期影响因素，并在此基础上测算了人民币汇率失调程度。

运用协整理论研究了人民币实际有效汇率与基本经济变量之间长期关系。结果表明人民币实际有效汇率与多数变量之间存在显著的长期均衡关系，其中劳动生产率、贸易条件与政府支出对有效汇率有正向的影响，弹性系数分别是 0.2915、0.3827 和 0.0534。劳动生产率的提升与贸易条件的改善是人民币均衡汇率提升的主要原因。贸易自由化与广义货币供应量对有效汇率的影响是负向的，其中贸易自由化的弹性系数为 -0.2403，表明我国对外开放程度的加深对人民币均衡汇率产生下降的压力。广义货币供应量的弹性系数为 -0.4506，说明宽松的货币政策倾向于使均衡汇率下降。在众多变量中，只有国外净资产对均衡汇率的影响不显著。

对样本区间人民币实际有效汇率失调状况进行了测算。测算结果表明，人民币实际有效汇率失调的程度不大，在 1994 年第一季度至 2009

年第四季度期间，汇率的低估与高估交替出现：两次低估程度较大的区间分别是 1994Q1 ~ 1995Q3 与 2003Q1 ~ 2008Q2，低估程度最大是 1994Q1 为（6.86%），其次是 2005Q1（为 6.07%）；高估程度较大的区间分别是 1995Q4 ~ 1998Q4 与 2008Q3 ~ 2009Q3，高估程度最大是 2008Q4 为（10.00%），其次是 1998Q1（为 9.54%）。尽管存在着阶段性的高估与低估，但是汇率失调的均值较小（为 0.1846%），波动性也较小（为 4.0765%）。与国外学者的测算结论不同，本书的测算结果表明人民币实际有效汇率不存在严重的高估或低估的情况。

二、关于人民币汇率传递效应的结论

通过对样本期间人民币汇率失调与国内物价水平变动的考察，发现二者之间存在着较为明确的对应关系，即通货膨胀对应汇率低估，通货紧缩对应汇率高估。Granger 因果关系检验的结果表明，汇率失调是我国物价水平变动的 Granger 因；反过来，我国物价水平变动不是汇率失调的 Granger 因。我国物价水平变动的主要影响因素是其自身，汇率失调与我国物价水平变动呈反向。

基于 VAR 模型的人民币实际有效汇率传递效应研究结果表明，人民币实际有效汇率对国内价格的传递是负向的并且是沿着价格链递减的，对进口价格的传递程度最高，对工业品出厂价格的传递程度次之，对消费价格的传递程度最低。汇率传递存在明显的时滞，进口价格传递时滞为 5 个季度，工业品出厂价格与消费价格传递时滞均为 6 个季度。

VAR 模型的方差分解结果表明，在众多变量中，汇率变动对价格的冲击影响力度较弱。以 CPI 为例，影响力最强的是其自身，其次是需求冲击，再次是供给冲击，汇率冲击位居第四。因此，不宜以对汇率实施较大幅度调整作为调控物价水平的手段。

基于非线性门限误差修正模型的研究结果表明，人民币实际有效汇率与消费价格指数之间存在着非线性协整关系。在典型区制内，长期协

146

整关系系数为负数，表明偏离长期均衡路径对 CPI 变化有反向修正作用，CPI 自身变化有惯性作用，而实际有效汇率对 CPI 的传递效果不显著异于零。这表明在大多数时期内，CPI 变动与实际有效汇率变动联系主要体现在长期均衡关系。

第二节　政策建议

一、深化人民币汇率制度改革

人民币汇率制度改革是为了适应建立和完善社会主义市场经济体制、充分发挥市场在资源配置中的基础性作用的内在要求，也是深化经济金融体制改革、健全宏观调控体系的重要内容。人民币汇率制度改革的总体目标是，建立健全以市场供求为基础的、有管理的浮动汇率体制，保持人民币汇率在合理、均衡水平上的基本稳定。

（一）坚持采取渐进式的汇率调整方式

人民币汇率调整方式无非是两种选择：激进式或渐进式。激进式的调整也就是低频大幅调整，采取一次性大幅度升值或贬值的方式使汇率调整一步到位；渐进式调整就是高频低幅调整，每次调整汇率的幅度都有限，但是调整频率比较高，使汇率逐渐调整到位。

激进式调整方案的目的是让汇率调整一步到位，借以消除汇率调整的压力。这个方案理论上说可以迅速缓解升值压力。但是该方案首先要考虑的就是调整的成本问题，汇率一次性大幅度调整对外部经济部门的冲击以及由此对经济增长速度可能产生的负面影响。其次要考虑的是一次性升值的幅度如何准确确定。如果一次性升值幅度过小，无法消除进一步升值的预期；幅度过大，就会带来不必要的调整成本。

渐进式调整方案是允许汇率调整有一个过渡期，一步步地向均衡汇率靠近。这一方案可以在一定程度上缓解当前人民币升值压力，但是也可能使投机者产生进一步升值的预期。这种预期一旦形成，将会引起热钱更多地流入国内，从而造成更大的人民币升值压力。这一点，是采用渐进式调整方式最需要防范的问题。

在激进方式与渐进方式之间选择，具体要看对外部失衡与内部失衡的容忍度。从我国对于宏观经济整体的调整来看，其过程是缓慢渐进的。与此相对应，我国的汇率调整也应当采取循序渐进的方式。这种循序渐进的调整方式不仅风险小，而且也是最有效率的。日本在 20 世纪迫于美国的压力实施日元大幅度升值给日本经济带来灾难性后果的前车之鉴，我们必须引以为戒。人民币升值必须与我国整体经济调整相适应，不能以牺牲国民经济的持续、健康和协调发展为代价去追求外部均衡，更不能盲从于外部舆论。

早在 2005 年 6 月，中国政府就提出关于人民币汇率改革的原则：主动性、可控性和渐进性。近期中国政府再次强调中国将继续按照主动性、可控性、渐进性原则，稳步推进人民币汇率形成机制改革。本书的测算结果也表明近期人民币汇率不存在严重的低估。2008 年以来，我国国际收支经常项目顺差占 GDP 的比重逐年下降，从 2007 年 11% 的峰值下降到 2008 年的 9.6%、2009 年的 6.1%，到 2010 年这一比率跌至 5.0%。国际收支经常项目的渐趋平衡也表明当前人民币汇率不存在大幅波动和变化的基础。因此，决策层的意向及实际经济状况都决定了渐进式的改革仍将是今后我国汇率制度改革的唯一方式。由于近年来人民币升值预期持续增加，导致热钱大量涌入豪赌人民币升值。坚持可控、渐进的汇率改革，对投机人民币升值的非理性行为也是一种警示，有利于降低市场对人民币升值的预期，也有利于抑制投机性资本的流入。

（二）进一步完善人民币汇率形成机制

自 2005 年 7 月 21 日起，我国实行以市场供求为基础、参考"一篮子货币"进行调节、有管理的浮动汇率制度以来，人民币汇率形成机制改革有序推进，取得了预期的效果，发挥了积极的作用。次贷危机以来，人民币暂停了升值步伐，实际上重新回到盯住美元的汇率制度。随着次贷危机对金融市场的冲击逐渐消退，各国经济逐渐走出低谷。根据国内外经济金融形势和我国国际收支状况，我国退出应对危机的暂时政策是历史的必然。为此，中国人民银行决定进一步推进人民币汇率形成机制改革，增强人民币汇率弹性。进一步推进人民币汇率形成机制改革，重在坚持以市场供求为基础，参考"一篮子货币"进行调节，继续按照已公布的外汇市场汇率浮动区间，对人民币汇率浮动进行动态管理和调节。从长远来看，人民币汇率形成机制的改革应以自由浮动为最终目标，自由浮动也是人民币国际化的必要条件之一。当前是人民币汇率调整压力相对较小的时期，货币当局恰恰可以以此为契机，深化人民币汇率形成机制的改革。

从 2005 年确定的汇率制度改革方向出发，人民币汇率形成机制的改革也应该立足于"市场供求"、"有管理"和"浮动汇率"这三个着眼点展开。

首先，汇率的形成要以真实的市场供求为基础。汇率机制改革的首要任务就是尽快实现外汇供求的市场化。我国外汇市场供求机制的基础是 1994 年外汇管理体制改革以来推行的结售汇制度。在当时外汇短缺背景下实施的是强制结售汇制度，该制度下外汇的供给和需求都处于严格的管制状态，这种安排有利于将有限的外汇资源集中于货币当局手中。随着我国国内经济及对外经济形势的不断变化，外汇短缺的局面一去不返，我国已成为全球最大的外汇储备持有国，结售汇的管制程度随之降低。到 2007 年 8 月，我国宣布取消经常项目下外汇收入强制结汇的要求，允许境内机构意愿结汇。在用汇需求方面，对境内机构用相对灵活的年度总额管理代替了逐笔审核，个人用汇额度也从 3000 美元提高到 50000 美元。但是总体而言，无条件的外汇供给与有条件的外汇需求的这种不对称的供需状况仍然未根本改变。这种状况既导致央行的被动干预，又加大了人民币升值压力。因此，要从根本上实现外汇供求的市场化，一方面必须从制度上入手逐步放松外汇需求管制，即所谓"藏汇于民"；另一方面要加快发展外汇市场，扩大外汇市场交易主体范围，增加外汇市场交易品种，健全外汇交易方式。如果外汇市场能够像股票市场那样成为全民投资的场所，那么外汇市场的供求才是真正实现了市场化。

其次，货币当局要通过对外汇市场的多样化干预来实现对汇率的"有管理"。受制于外汇市场供求关系的现状，我国央行对外汇市场干预手段显得单一，主要表现为央行持续、单向地买入外汇，这一点从近年来我国外汇储备的持续快速增长可见一斑。2005 年我国外汇储备规模为 8188.72 亿美元，到 2010 年达到 28473.38 亿美元，五年年均增加 4000 亿美元。这些外汇储备的增量就是央行在外汇市场单向买入外汇投放基础货币形成的。这个干预量占同期即期外汇市场交易量的比重最高为 40%，可以说央行成了我国外汇市场上最大的买家。显然，这种几乎无异于管制程度的干预不符合市场化改革的方向。因此，央行应该尽量避免频繁而大规模的直接外汇干预，而采取多样化的手段（如本外币的供求量调节、利率水平等）进行综合调节。

再次，要以"一篮子货币"为参考确定基准汇率并适当扩大汇率的浮动区间。在渐进式汇率调整的前提条件下，汇率的调整还要有一个恰当的载体，即以恰当操作对象作为确定基准汇率的参照系。以往的做法是以人民币兑美元汇率作为确定汇率的基准，人民币兑换其他货币的汇率在此基础上参考国际外汇市场各个货币兑美元的汇率进行套算，这样操作的结果是会将美元兑其他货币汇率的波动带入到人民币汇率波动当中。2005 年汇率改革以来采用的这种汇率确定方法导致人民币兑美元汇率与人民币有效汇率走势出现较大背离。2005 年汇改至 2010 年末，人民币对美元累计升值 25%，人民币名义有效汇率累计升值 14.8%，实际有效汇率累计升值 22.6%。因此，建议今后应该采取"一篮子货币"为参考的汇率确定方法，以人民币名义有效汇率与实际有效汇率为操作对象，在调整中应尽可能避免名义汇率与实际汇率出现较大程度的偏离。同时，在信息发布中弱化美元基准汇率的地位，引导境内机构和个人更多地关注人民币有效汇率的变动，在基准汇率确定的基础上扩大浮动区间。现行汇率波动区间狭窄，银行间外汇市场美元兑人民币即期汇率围绕基准汇率上下 0.5% 区间浮动，其他货币兑人民币汇率围绕基准汇率上下 3% 区间浮动，显然对美元与非美元货币实施了差别待遇。建议将美元兑人民币汇率浮动区间扩大至 3%，同时维持非美元汇率浮动区间不变，以取消美元的特殊地位。这样做一方面增加了汇率弹性，另一方面降低了对美元的盯住程度，有利于真正实现参考"一篮子货币"浮动。银行与客户间外汇交易可推广对非美元货币采取的无浮动区间限制的做法。

（三）积极推进人民币国际化进程

人民币汇率制度改革的最终目标是实现人民币国际化，国际化也意味着人民币汇率的自由浮动。当前人民币尚不具备自由浮动的条件，但是可以通过循序渐进的人民币国际化战略的实施为将来的自由浮动创造条件。我国自 1996 年实现经常项目下人民币自由兑换以来，一直致力于推进人民币资本项目可兑换进程。随着 2009 年人民币国际化进程显著加快，国际化进程总体上是沿着先周边化、再区域化、最终国际化的步伐，从易到难地推动人民币在贸易结算、国际投资和国际储备中的使用。2009 年 7 月，上海、广州等 5 个城市开展跨境贸易人民币结算试点业务；2010 年 6 月，试点范围推广到 20 个省区；2011 年 1 月又推出境外直接投资人民币结算试点。这一系列举措最终将促使人民币率先在贸易结算、境外直接投资等领域实现国际化。人民币国际化的根本目的是在国际货币体系中为人民币争得储备货币的一席之地，同时也可以淡化美元的地位，减少我国在贸易计价结算中对美元的过分依赖，这客观上也有利于汇率机制改革，逐渐摆脱对美元的过分依赖。随着国际化进程的不断推进，人民币逐渐成为可自由兑换货币，人民币汇率形成才能真正地实现以市场供求为基础。

二、调整经济发展战略，降低对外需的依赖

在过去的三十年间，中国的经济增长主要依靠资本、能源和原材料以及劳动力等生产要素高投入推动，这种增长方式被称之为粗放型的经济增长。在这种粗放型的经济增长方式下，在中国经济增长中的"三驾马车"——投资、出口与消费中，出口长期扮演着重要角色。中国是自1992年确立了出口导向经济发展战略的，其核心理念是以"四小龙"、"四小虎"为范例，充分发挥劳动力、土地、能源和原材料等生产要素价格低廉的比较优势，参与国际分工，开拓国际市场，积累外汇资源，逐渐改善产业结构。在出口导向型发展战略下，我国对出口长期实施多种鼓励政策，如出口补贴、出口退税等。可以说，这一发展战略成效显著。我国国民经济对外贸依存度逐渐提升，1978年外贸依存度为9.8%，1992年为34.24%，到2006年达到历史最高的66.85%。近几年略有下降，2008年、2009年、2010年分别为58.19%、44.93%和49.22%。在出口持续高增长带动下，中国经济也实现了长期高速增长，外汇储备位居全球第一位，GDP总量跃居全球第二位。

但近年来出口导向战略的可持续性越来越受到质疑。首先，伴随我国经济高增长，国内生产要素成本低廉的优势逐渐丧失，出口增速明显放缓，对未来经济的拉动能力逐渐削弱。其次，贸易顺差和高额外汇储备带来人民币升值压力。再次，我国采取的一系列鼓励出口的政策也引起贸易伙伴国的强烈不满，欧美国家频频对中国商品实施反倾销和反补贴报复措施，贸易摩擦不断升级。种种迹象表明我国的出口导向型经济发展战略到了必须调整的时刻。而当前实施战略调整不仅有利于我国经济长期发展战略的实施，也有助于缓解人民币升值压力，加快出口导向型发展战略向综合平衡型发展战略的转变。

（一）扩大内需，降低我国经济增长对外需的依赖

从2006～2010年逐年来看，国内需求对经济增长的贡献率分别为

83.9%、81.9%、91.0%、138.9%和92.1%。总体而言，内需对经济增长的贡献率在逐步提高。应充分认识到内需才是中国经济持续增长的真正引擎，消费是最终的有效动力，要促使拉动经济增长的驱动力逐步回归到扩大国内消费需求为主的轨道上来，经济结构调整的重点也要放在降低投资的过快增长、大力增加最终消费上来。

（二）积极扩大进口，促进贸易平衡

这是党中央、国务院在深刻认识国际、国内发展形势后，高瞻远瞩作出的重大战略决策。扩大进口有助于改善国内供给，促进竞争，提高经济效益，弥补国内资源缺口，减少贸易顺差和贸易摩擦，与出口一样是促进国内经济增长的重要动力。增加进口也是应对人民币升值压力的一个良策。一方面，作为一个经济高速前进时期的发展中国家，进口国外具有较高技术含量的机器和设备也是经济发展的需要；另一方面，增加进口还可以缓解国际舆论的不满，减少由于高额外汇储备形成的人民币升值压力。

（三）调整出口贸易结构，推动出口贸易从规模速度型向质量效益型转变

我国大部分出口商品属于劳动密集型产品，技术含量低、附加值低，在国际市场的竞争主要依靠劳动力等生产要素成本低廉以及政府给予的出口退税等政策优势。近年来，随着生产要素成本的上升及贸易伙伴国的反补贴、反倾销手段的实施，这种优势已所剩无几。因此，必须尽快优化出口产品结构，提高高附加值产品在出口贸易中的比重。首先，对出口企业的鼓励政策要有针对性，鼓励高附加值企业出口创汇。其次，加快对传统工业的技术改造，通过对新设备、新技术、新配方的开发和应用，提高高科技产品的竞争优势。再次，大力发展知识密集型和技术密集型产业，提高出口产品的附加值，提高非价格竞争力，促进出口贸易的可持续发展。

三、标本兼治，防止热钱流入

人民币升值预期诱使热钱寻找各种途径进入中国市场，而热钱的流入进一步加剧升值预期。如果不能有效遏制这种局面，必然导致升值—热钱流入—再升值的恶性循环。因此，化解人民币升值压力的关键在于阻止热钱流入。

（一）明确汇率的调整目标，消除非理性预期

热钱，即短期投机性资本。热钱流动的根本动机就是逐利。当前我国人民币正处于小幅升值过程中，加之美国、欧洲等国际舆论对人民币升值压力的过度渲染，使境内外投资者形成了较强烈的人民币升值预期。热钱流入我国，目的之一就是追逐人民币可能升值带来的汇差收益。因此，阻止热钱流入的最有效途径就是消除升值预期。首先，货币当局要对近期人民币汇率调整的幅度有明确的表态，比如确定当年人民币升值幅度为3%等，言出即行，树立信心。要像在亚洲金融危机中承诺人民币不贬值一样，掷地有声。热钱看重的绝不是这个确定的升值，而是不确定大幅升值的可能性。因此，给予明确的调整目标有利于消除非理性预期，从而遏制热钱涌入。

（二）正确处理缓解人民币升值与治理通货膨胀的关系

热钱的入另一个收益来源就是境内外利息差。在次贷危机前的2005～2007年，美国利率一直高于中国同期利率水平，一年期基准利率差异达到3%。次贷危机爆发后，美联储连续下调联邦基金利率，加之中国几次加息，到2008年1月22日，美中利差由正转负。中美一年期基准利率差已达到2.5%。近期中国官员表示在年内争取实现正利率，这意味着基准利率可能会有2%的上调空间。利差的存在加之进一步加息的预期，同样会使国际游资趋之若鹜。因此，为遏制热钱加速流入进一步加剧人民币升值压力，货币当局应该审慎考虑慎用加息策略。我国当前的通货膨胀是流动性过剩的结果，而流动性过剩的既有美国等

154

应对危机一再宽松的货币政策的因素，也有我国近年来过度宽松的货币信贷政策的因素，还有升值预期引致热钱流入从而基础货币投放过多的因素，等等。因此，解决问题的关键不在于提高资金成本，而在于减少资金过量供给。为此，货币当局可以采取提高存款准备金率、发行央行票据以及信贷控制等手段治理通货膨胀。如果用加息来治理通胀，结果可能是导致更多的热钱涌入，物价上涨得会更快。

（三）加强资本流动监控，打击热钱流入

在尽可能阻断热钱流入本源的同时，还必须加强对短期投机性资本流动的监控，加大对非法入境资本的打击力度。热钱流入的途径多种多样，主要有贸易项下高报出口低报进口、虚假直接投资、侨民汇款以及地下钱庄等。很多时候热钱都是披着合法的外衣，因此很难鉴别。国家外汇管理局国际收支分析小组采用间接测算法，即用外汇储备增量减去贸易顺差、直接投资净流入、境外投资收益和境外上市融资，测算结果显示2003～2010年间我国热钱流入总量约为3000亿美元。但是这个测算结果显然没有考虑贸易收支及直接投资中的虚假成分，被一致认为是比较保守的估计。有学者估算的热钱流入在2010年就接近2000亿美元。

打击热钱流入应该从以下几个方面入手：一是建立进出口商品市场价格信息库以甄别贸易项下的热钱流入；二是加强对直接投资资金使用及流向的监管；三是控制侨民汇款的结汇额度；四是严厉打击地下钱庄。在严控热钱流入的同时，还要做好防止境内资金大规模撤出的准备。总之，对热钱要有堵有疏，既缓解人民币升值压力，又要避免对我国经济造成巨大的冲击。

参考文献

中文期刊文献：

[1]毕玉江,朱钟棣. 人民币汇率变动的价格传递效应[J]. 财经研究,2006(7).

[2]卜永祥. 人民币汇率变动对国内物价水平的影响[J]. 金融研究,2001(3).

[3]曹阳,李剑武. 人民币实际汇率水平与波动对进出口贸易的影响[J]. 世界经济研究,2006(8).

[4]曹永福. 格兰杰因果性检验评述[J]. 数量经济技术经济研究,2006(1).

[5]曹红辉,刘华钊. 人民币对外升值对内贬值[J]. 资本市场,2007(11).

[6]陈浪南等. 汇率变动对外国直接投资影响的实证研究[J]. 投资研究,1999(2).

[7]陈浪南,何秀红,陈云. 人民币汇率波动的价格传导效应研究[J]. 国际金融研究,2008(6):55 - 62.

[8]陈六傅,刘厚俊. 人民币汇率的价格传递效应——基于 VAR 模型的实证分析[J],金融研究,2007(4):1 - 13.

[9]陈平凡. 汇率变动对直接投资吸引力影响的研究[J]. 福建行政学院经济管理干部学院学报,2005(2).

[10]陈学彬,李世刚,芦东. 中国出口汇率传递率和盯市能力的实证研究[J],经济研究,2007.(12): 106 - 117.

[11]储幼阳. 人民币均衡汇率实证研究[J]. 国际金融研究,2004(5):19 - 24.

[12]戴祖祥. 我国贸易收支的弹性分析:1981 - 1995[J]. 经济研究,1997(7).

[13]丁剑平,李菲. 货币升值对不同产业就业的影响[J]. 河北经贸大学学报,2006(4).

[14]窦祥胜. 人民币均衡汇率估计——不同方法的比较[J]. 数量经济技

术经济研究,2004 (4):34-41.

[15]鄂永健,丁剑平. 实际汇率与就业:基于内生劳动力供给的跨期均衡分析[J]. 财经研究,2006(4).

[16]范从来,曹丽. 人民币汇率走势的实证分析[J]. 经济科学,2004(1).

[17]范志勇,向弟海. 汇率和国际市场价格冲击对国内价格波动的影响[J]. 金融研究,2006(2).

[18]范言慧,宋旺. 实际汇率对就业的影响:对中国制造业总体的经验分析[J]. 世界经济,2005(4).

[19]冯芸,吴冲锋. 一种新的汇率波动度量方法:波动率法[J]. 世界经济,2001(8).

[20]关志雄. 通货膨胀与汇率升值并存的分析——人民币对内贬值和对外升值的原因[J]. 世界经济研究,2008(6).

[21]胡援成,曾超. 中国汇率制度的现实选择及调控[J]. 金融研究,2004(12).

[22]胡再勇. 人民币行为均衡汇率及错位程度的测算研究:1978-2006[J] 当代财经,2008(1):41-47.

[23]贺根庆,王国瑞. 人民币对外升值对内贬值现象的再认识[J]. 山西财经大学学报, 2008 (2).

[24]黄志勇. 汇率变化对我国 FDI 的实证分析[J]. 南京财经大学学报,2005(4).

[25]金雪军,郭舒萍. 人民币汇率变动对我国就业状况的影响[J]. 新金融,2004(12).

[26]金中夏. 论中国实际汇率管理改革[J]. 经济研究,1995,(3).

[27]纪敏. 本轮国内价格波动的外部冲击因素考察[J]. 金融研究,2009(6):31-43.

[28]姜波克,李怀定. 均衡汇率理论文献评述[J]. 当代财经,2006(2):44-49.

[29]李广众. 实际汇率错位、汇率波动性及其对制造业出口贸易影响的实证分析[J]. 管理世界,2004(11).

[30]李亚新,余明. 关于人民币实际有效汇率的测算与应用研究[J]. 国际金融研究,2004(10):62 - 67.

[31]林伯强. 人民币均衡实际汇率的估计与实际汇率错位的测算[J]. 经济研究,2002,(12):60 - 69.

[32]刘莉亚,任若恩. 人民币均衡汇率的实证研究[J]. 统计研究,2002(5):28 - 32.

[33]刘阳. 人民币均衡汇率及汇率动态[J]. 经济科学,2004 (1):83 - 92.

[34]卢向前,戴国强. 人民币实际汇率对我国进出口的影响[J]. 经济研究,2005(5).

[35]梁东黎. 物价和汇率的决定的一般均衡分析—— 对人民币"内贬外升"现象的解释[J]. 财贸研究,2009(9).

[36]罗忠州. 关于汇率对进口价格转嫁效应的实证分析[J]. 金融研究,2004(11).

[37]马国书. 全球独立货币[M]. 北京:中国社会科学出版社,2009.

[38]倪克勤,曹伟. 人民币汇率变动的不完全传递研究:理论与实证[J]. 金融研究,2009(6):44 - 59.

[39]裴平,吴金鹏. 论人民币内外价值偏离[J]. 经济学家,2006(1).

[40]秦宛顺,靳云汇,卜永祥. 人民币汇率水平的合理性[J]. 数量经济技术经济研究,2004(7):26 - 30.

[41]邱立成,刘文军. 人民币汇率水平的高低与波动对外国直接投资的影响[J]. 经济科学,2006(1).

[42]沈国兵,杨毅. 人民币实际有效汇率与中国贸易收支关系[J]. 中共南京市委党校南京行政学院学报,2005(5).

[43]司小娟,吕佩娟. 解读当前人民币汇率升值与通货膨胀并存现象[J]. 消费导刊,2008 (8).

[44]施建淮,余海丰. 人民币均衡汇率与汇率失调:1994 - 2004[J]. 经济研究,2005(4):34 - 45.

[45]施建淮,傅雄广,许伟. 人民币汇率变动对我国价格水平的传递[J]. 经济研究,2008(7):52 - 64.

[46]宋志刚,丁一兵.新兴市场国家的汇率波动与出口:一个经验分析[J].数量经济技术经济研究,2005(9).

[47]孙刚,赵新.人民币均衡汇率经验分析——应用行为均衡汇率模型的测算[J].东北财经大学学报,2006(11):12-17.

[48]孙立坚,吴刚,李安心.国际贸易中的价格传递效应的实证研究[J].世界经济文汇,2003(4).

[49]孙立坚,江彦.关于"通缩出口"论的检验:中、日、美三国比较[J].管理世界,2003.

[50]田潇.资本流动、外汇管制与人民币内外价值背离[J].管理评论,2010(2).

[51]万解秋,徐涛.汇率调整对中国就业的影响[J].经济研究,2004(2).

[52]万正晓.基于实际有效汇率变动趋势的人民币汇率问题研究[J].数量经济技术经济研究,2004(2).

[53]王曦,才国伟.人民币合意升值幅度的一种算法[J].经济研究,2007(5):27-41.

[54]王胜,李睿君.国际价格竞争与人民币汇率传递的实证研究[J].金融研究2009(5):9-21.

[55]王维国,黄万阳.人民币均衡实际汇率研究[J].数量经济技术经济研究,2005(7):3-14.

[56]魏巍贤,李丕东.人民币均衡实际汇率实证研究:1980—2006[J].厦门大学学报(哲学社会科学版),2007(5):51-56.

[57]吴丽华,王锋.人民币实际汇率错位的经济效应实证研究[J].经济研究,2006(7):15-28.

[58]吴晓芹.人民币内外价值分离研究[J].浙江金融,2009(5).

[59]吴志明,郭予锴.汇率制度改革前后人民币汇率传递效应研究——以2005年7月汇率制度改革为界[J].经济评论2010(2):120-127

[60]吴骏,周永务.对人民币均衡汇率探讨[J].预测,2005(2):52-54.

[61]谢建国,陈漓高.人民币汇率与贸易收支[J].世界经济,2002(9).

[62]徐明棋.人民币汇率:相关问题与理论思索[J].世界经济研究,2004

(7).

[63]肖继五,李沂.人民币内外价值波动:一个长期趋势的分析[J].经济经纬,2009(3).

[64]徐群.人民币均衡汇率实证研究文献综述[J].商业研究,2008(4):83 -87.

[65]徐炜,黄炎龙.人民币内外价值偏离的实证分析[J].财经问题研究, 2007(6).

[66]向松祚.人民币"对内贬值对外升值"玄机何在[EB/OL].http:// www.zgjrw.com/News,2010-11-11.

[67]杨进.人民币内外价值偏离的实证研究[J].商情(教育经济研究), 2008(1).

[68]尹应凯.购买力平价、人民币价值之谜与"双效应一三阶段曲线"假说[J].国际金融研究,2008(11).

[69]俞乔.论我国汇率政策与国内目标的冲突及协调[J].经济研究,1999 (7).

[70]俞乔.购买力平价、实际汇率与国际竞争力[J].金融研究,2000,(1).

[71]于志慧.通货膨胀与人民币升值并存问题研究[J].新金融,2008 (4).

[72]赵大平.人民币汇率变动的价格传递及其对中国贸易收支影响的理论和实证研究[D].上海:复旦大学经济学院,2006.

[73]赵志君,金森俊树.人民币汇率重估:实证分析与政策含义[J].数量经济技术经济研究,2006(10):48-56.

[74]张斌.人民币真实汇率:概念、测量与解析[J].经济学季刊,2005, (2).

[75]张斌.人民币均衡汇率:简约一般均衡下的单方程模型研究[J].世界经济,2003,(11):3-12.

[76]张立光.人民币均衡汇率及汇率失调程度的测算与分析:1994~2006 [J].山东财政学院学报,2008(1):43-47.

[77]张晓朴.均衡与失调:1978—1999年人民币汇率合理性评估[J].金融

研究,2000(8):13-24.

[78]张晓朴.人民币均衡汇率的理论与模型[J].经济研究,1999(12):70-77.

[79]张瀛,王浣尘.人民币实际均衡汇率——跨时期均衡模型[J].世界经济,2004(8):18-25.

[80][美]马利亚里斯,[美]布罗克.经济学和金融学中的随机方法——现代金融方法论丛书[M].陈守东,李小军,李元译.上海:上海人民出版社,2004.

[81][美]莫里斯·戈尔茨坦,[美]格拉谢拉·L.凯宾斯基,[美]卡门·M.瑞哈特.金融脆弱性实证分析——新兴市场早期预警体系的构建[M].北京:中国金融出版社,2005.

[82]卜永祥,秦宛顺.人民币内外均衡论[M].北京:北京大学出版社,2006.

[83]陈岱孙,厉以宁.国际金融学说史[M].北京:中国金融出版社,1991.

[84]杜进朝.汇率变动与贸易发展[M].上海:上海财经大学出版社,2004.

[85][意]甘道尔夫.国际经济学(第二卷):国际货币理论与开放经济的宏观经济学[M].北京:中国经济出版社,2001.

[86]高铁梅主编.计量经济分析方法与建模[M].北京:清华大学出版社,2006.

[87][美]古扎拉蒂.计量经济学基础(第四版)[M].北京:中国人民大学出版社,2005.

[88]姜波克.国际金融学[M].北京:高等教育出版社,1999.

[89]姜波克,陆前进.汇率理论和政策研究[M].上海:复旦大学出版社,2000.

[90]姜波克.国际金融新编(第三版)[M].上海:复旦大学出版社,2001.

[91]里维里恩.国际货币经济学前沿问题[M].北京:中国税务出版社,2000.

[92]李子奈,叶阿忠.高等计量经济学[M].北京:清华大学出版社,2000.

[93][美]罗纳德·麦金农,[日]大野健一.美元与日元:化解美日两国的经济冲突[M].王信,曹莉译.上海:上海远东出版社,1999.

[94]潘国陵.国际金融理论与数量分析方法[M].上海:上海人民出版社,2000.

[95]孙杰.汇率与国际收支[M].北京:经济科学出版社,1999.

[96]孙立坚.开放经济中的外部冲击效应和汇率安排[M].上海:上海人民出版社,2005.

[97]唐国兴,徐剑刚.现代汇率理论及模型研究[M].北京:中国金融出版社,2003.

[98]王光伟.货币、利率与汇率经济学[M].北京:清华大学出版社,2003.

[99][美]伍德里奇.经济计量学导论[M].北京:中国人民大学出版社,2000.

[100]许少强,李天栋,姜波克.均衡汇率与人民币汇率政策[M].上海:复旦大学出版社,2006.

[101]许少强,马丹,宋兆晗.人民币实际汇率研究[M].上海:复旦大学出版社,2006.

[102]杨长江.人民币实际汇率:长期调整趋势研究[M].上海:上海财经大学出版社,2002.

[103]赵登峰.人民币市场均衡汇率与实际均衡汇率研究[M].北京:社会科学文献出版社,2005.

[104]张纯威.人民币名义汇率超稳定研究[M].北京:经济管理出版社,2005.

[105]张静,汪寿阳.人民币均衡汇率与中国外贸[M].北京:高等教育出版社,2005.

[106]张晓朴.人民币均衡汇率研究[M].北京:中国金融出版社,2001.

英文期刊图书文献:

[1]Almukhtar S Abri& Barry K. Goodwin,2007,"Re-Examining the Exchange Rate Pass-Through into Import Prices Using Non-linear Estimation Techniques:

Threshold Cointegration", *International Review of Economics and Finance* Sept.

[2] Baldwin, 1988, "Hysteresis in Import Prices: The Beachhead Effect", *NBER Working Paper*, No. 2524.

[3] Atsushi Iimi, 2006, "Exchange Rate Misalignment: An Application of the Behavioral Equilibrium Exchange Rates (BEER) to Botswana", *IMF Working Paper*, No. 140.

[4] Bergin&Feenstra, "Pass-Through of Exchange Rates and Competition between Floaters and Fixers", *Journal of Money, Credit and Banking*, Supplement to Vol. 41, No. 1, February 2009.

[5] Bhundia, A., 2002, "An Empirical Investigation of Exchange Rate Pass-Through in South Africa", *IMF Working Paper*, 02/165.

[6] Bosworth &Barry, 2004, "Valuing the RMB", Paper presented to Tokyo Club Research Meeting, February. Belaisch, A., 2003, "Exchange Rate Pass-Through in Brazil", *IMF Working Paper*, 03/141.

[7] Bouakez&Rebei, 2008, "Has Exchange Rate Pass-Through Really Declined? Evidence from Canada", *Journal of International Economics*, 2008, 75, PP. 249 – 267.

[8] Branson, 1972, "The Trade Effects of the 1971 Currency Realignments", *Brookings papers on Economic Activity*, 1: PP. 15 – 58.

[9] Bu, Y. & Tyers, R., 2001, "China's Equilibrium Real Exchange Rate: Counter factual Analysis", *February Working Papers in Economics*, No. 390.

[10] Campa, José Manuel & Linda Goldberg, 2005, "Exchange Rate Pass – through into Import Prices", *Review of Economics and Statistics*, Vol. 87 (November), pp. 679 – 690.

[11] Campa, José Manuel & Jose M. Gonzalez Minguez, 2006, "Differences in Exchange Rate Pass – Through in the Euro Area", *European Economic Review*, Vol. 50 (January), pp. 121 – 145.

[12] Clark, P. B. & MacDonald, R., 1998, "Exchange Rates and Economic Fundamentals: a Methodological Comparison of BEERs and FEERs", *IMF Working paper*, No. 67.

[13] Clark, P. B. & MacDonald, R. , 2000, "Filtering the BEER: a Permanent and Transitory Decomposition", *IMF Working Paper*, No. 144.

[14] Choudhri, Ehsan U. & Dalia S. Hakura, 2001, "Exchange Rate Pass – Through to CPI: Does the Inflationary Environment Matter", *IMF Working Paper* 01/194.

[15] Choudhri, Ehsan U. , Hamid Faruqee & Dalia S. Hakura, 2002, "Explaining the Exchange Rate Pass – Through in Different Prices". *IMF Working Paper*, 02/224.

[16] Corsetti, Dedola&Leduc, 2005, "DSGE Models of High Exchange – rate Volatility and Low pass – through, Board of Governors of the Federal Reserve System", *International Finance Discussion Papers*, No. 845.

[17] Corsetti, Dedola&Leduc , 2005, "High Exchange – rate Volatility and Low pass – through," *Journal of Monetary Economics*, PP. 1113 – 1128.

[18] Corsetti& Pesenti, 2005, "International Dimension of Optimal Monetary Policy", *Journal of Monetary Economics* , Vol. 52 .

[19] Devereux & Engel ,2003, "Monetary Policy in the Open Economy Revised : Exchange RateFlexibility and Price Setting Behavior", *Review of Economic Studies* , Vol. 70 .

[20] Dornbusch, R. , 1987, "Exchange Rates and Prices", *American Economic Review*, No. 77(1) , pp. 93 – 106.

[21] Edwards, S. , 1989, "Real Exchange Rates in Developing Countries: Concepts and Measurement", *NBER Working Paper*, No. 2950.

[22] Elbadawi, I. A. , 1994 , "Estimating Long Run Equilibrium Exchange Rate", in John Williamson, (ed). Estimating Equilibrium Exchange Rates. Washington, DC: *Institute for International Economics*, PP. 93 – 133.

[23] Faruqee&Hamid, 2006 "Exchange Rate Pass – Through in the Euro Area", *IMF Staff Papers*, Vol. 53, pp. 63 – 88.

[24] Feenstra& Kendall, 1991, "Exchange Rate Volatility and International Prices," *NBER WP3644*.

[25] Frankel, J. , 2004, "On the Renminbi: The Choice Between Adjustment Under A Fixed Exchange Rate and Adjustment Under a Flexible Rate", *NBER Working Paper*,

No. 11274(Cambridge, Massachusetts: National Bureau of Economic Research).

[26]Gabriel Di Bella, Mark Lewis& Aurelie Martin, 2007, "Assessing Competitiveness and Real Exchange Rate Misalignment in Low – Income Counties", *IMF Working Paper*, No. 201.

[27]Gilles J. Dufrenot&Etienne B. Yehoue, 2005, "Real Exchange Rate Assessment: A Panel Co – Integration and Common Factor Analysis", *IMF Working Paper*, No. 164.

[28]Goldstein, M. , 2004, "Adjusting China's Exchange Rate Policies", Paper presented at the *International Monetary Fund's Seminar on China's Foreign Exchange System*, Dalian, China, PP. 26 – 27.

[29]Goldberg, P. K. & M. M. Knetter, 1997. "Goods Prices and Exchange Rates: What Have We Learned", *Journal of Economic Literature*, Vol. 35(3), (September), pp. 1243 – 1272.

[30]Hahn&Elke, 2003, "Pass – through of External Shocks to Euro Area Inflation", *ECB Working Paper*, No. 243.

[31]Hansen B. E. , & Seo, B. , 2002, " Testing for Two – regime Threshold Cointegration in Vector Error – correction Models, *Journal of Econometrics*, Vol. 110, pp. 293 – 318.

[32]Isard, Peter&Hamid Faruqee, 1998, "Exchange Rate Assessment: Extensions of the Macroeconomic Balance Approach", *Occasional Paper* 167, IMF, Washington, D C.

[33]Isard& Peter, 2007, "Equilibrium Exchange Rates: Assessment Methodologies", *IMF Working Paper*, No. 07296.

[34]Krugman, P. , 1987, "Pricing to Market When the Exchange Rate Changes", In: Arndt, Sven&Richardson (eds.), *Real – Financial Linkages among Open Economies*, pp. 49 – 70, (Cambridge, Massachusets: MIT Press).

[35]Kravis, Lipsey & Kalter, 1977, "Export Prices and Exchange Rates", *NBER Working Paper*, No. 182.

[36]MacDonald, R. , 1997, "What Determines Real Exchange Rates? The Long and Short of It", *IMF Working paper*, No. 21.

［37］Mann,C. L. 1986,"Prices,Profi ts Margins,and Exchange Rates", *Federal Reserve Bulletin*,PP. 366 – 379.

［38］Mann&Catherine L. ,1989,"The Effects of Exchange Rate Trends and Volatility on Export Prices：Industry Examples from Japan, Germany and the United States", *Weltwirtschaftliches Archiv125(3)*,PP. 588 – 618.

［39］Magee. S. P. ,1973,"Currency Contracts,Pass – through and Devaluation", *Brookings Papers on Economic Activity*.

［40］Maurice Obstfeld & Kenneth Rogoff,2000. "New Directions for Stochastic Open Economy Models ", *Journal of International Economics* ,Vol. 50 .

［41］Marazzi,Sheets & Vigfusson,2005,"Exchange Rate Pass – through to U. S. Import Prices：Some New Evidence", *FRS Discussion Papers*, No. 833 .

［42］McCarthy,J. ,2000,"Pass – Through of Exchange Rates and Import Prices to Domestic Inflation in Some Industrialized Economies", *Staff Report No.* 111(New York：Federal Reserve Bank of New York).

［43］Menon. Jayant,1995. "Exchange Rate Pass – through", *Journal of Economic Surveys*,Vol. 9.

［44］Montiel P. J. ,1999,"The Long – Run Equilibrium Real Exchange Rate：Conceptual Issues and Empirical Research",In Hinkle,L. E. & Montiel,P. J. (ed.) ,*Exchange Rate Misalignment：Concepts and Measurement for Developing Countries*, Oxford University Press.

［45］Mwase,N. ,2006,"An Empirical Investigation of the Exchange Rate Pass – Through to Inflation in Tanzania", *IMF Working Paper*,06/150.

［46］Niko Hobdari,2008,"Tanzania's Equilibrium Real Exchange Rate", *IMF Working Paper*, No. 08138.

［47］Ofair Razin&Susan M. Collins,1997,"Real Exchange Rate Misalignment and Growth", *NBER Working Paper*, No. 6174.

［48］Pollard, P. & Coughlin, C. ,2004, "Size Matters：Asymmetric Exchange Rate Pass – through at the Industry Level", *FRS Working Paper*.

［49］Ricci,Ferretti & Lee,2008,"Real Exchange Rates and Fundamentals：A Cross

– Country Perspective", *IMF Working Paper* , No. 13.

[50] Robinson, 1947, "The Foreign Exchanges". in Essays in the *Theory of Employment*, Oxford: Basil Blackwell.

[51] Stein, J. L. , 1994, "The Natural Real Exchange Rate of the US Dollar and Determinants of Capital Flows", In: Williamson, J. , " Estimating Equilibrium Exchange Rates". *Institute for International Economics*, Washington, D C.

[52] Smets, Frank & Raf Wouters, 2002, "Openness, Imperfect Exchange Rate Pass – Through and Monetary Policy", *Journal of Monetary Economics*, Vol. 49 (July), pp. 947 – 981.

[53] Steven Dunaway&Xiangming Li, 2005, "Estimating China's ' Equilibrium" Real Exchange Rates' , *IMF Working Paper*, No. 202.

[54] Taylor&John B. , 2000, "Low Inflation, Pass – through and the Pricing Power of Firms", *European Economic Review*, Vol. 44 (June), pp. 1389 – 1408.

[55] Virginie Coudert, 2005, "Real Equilibrium Exchange Rate in China", *IMF Working Paper* , No. 01.

[56] Virginie Coudert &Cecile Couharde, 2007, " Real Equilibrium Exchange Rate in China is the Renminbi Undervalued", *Journal of Asian Economics*, 2007(18): 568 – 594.

[57] William A. Master&Elena Ianchovichina, 1998, "Measuring Exchange Rate Misalignment: Inflation Differentials and Domestic Relative Prices", *World Development*, Vol. 26, No. 3:465 – 477.

[58] Williamson, John, 1983, "The Exchange Rate System", *Policy Analyses in International Economics* 5, Institute for International Economics, Washington DC.

[59] YIN – Wong Cheung, Menzie D. Chinn&Eiji Fujii, 2008, "Pitfalls in Measuring Exchange Rate Misalignment: The Yuan and Other Currencies", *NBER Working Paper* , No. 14168.

[60] Zhichao Zhang, 2001, " Real Exchange Rate Misalignment in China: An Empirical Investigation", *Journal of Comparative Economics*, (29): 80 – 94.

后 记

人民币在经历了自 1994 年外汇管理整体制改革以来长达二十年的持续升值后，人民币兑美元汇率中间价在 2014 年初突破 6.10 关口，大有进入"5 时代"的势头。然而，升值的趋势并没有延续下去，在本书对汇率均衡及汇率传递效应的研究告一段落，准备付梓之时，人民币兑美元汇率的波动趋势发生了非预期的逆转。2014 年 2 月，中国人民银行为打击跨境套利活动，通过调低人民币中间价来打破人民币单向升值预期，却开启了年内人民币贬值的走势。3 月 17 日，中国人民银行将人民币兑美元汇率日波动幅度扩大到正负 2%，期望引领汇率双向波动趋势形成。而事实上 2014 年全年延续了人民币的单边贬值，到年底，人民币对美元汇率中间达 6.21，较 2013 年年底贬值了 2.5%。2015 年 3 月以来，人民币汇率终止去年贬值趋势，中间价重新回到 6.11 左右，市场汇率波幅明显收窄。

如果说 2014 年汇率的走势是对中国宏观经济发展趋势及美国推出量化宽松货币政策等国内外形势变化的反应，那么应该如何看待 2015 年以来的走势呢？显然为了加入 SDR 货币蓝而稳定汇率是主要原因。总之，汇率走势的变幻莫测说明本书对于人民币汇率均衡及汇率专递效应的研究知识暂时结束了，汇率的均衡问题以及由于汇率的非均衡引起的波动及其传递效应问题将始终是学界研究的热点。

本书是在我的博士学位论文基础上整理而成的。本书的写作得到了我的授业恩师——吉林大学商学院陈守东教授的悉心指导。在此我要诚挚地感谢陈守东教授，感谢老师为我开启了数量经济学学业的大门，让我有机会实现我的求学梦想！感谢老师对我的谆谆教诲，老师深厚的学术功底与严谨的治学态度让我受益终身！感谢老师在本书的写作中帮助我逾越众多的技术障碍！感谢老师一再地鼓励我、激励我完成了本书的写作。

感谢杨东亮、于震、刘淼等师弟师妹们在本书写作中给予我的无私帮组与支持！

感谢我的工作单位吉林财经大学及金融学院对本书出版予以的支持！

感谢我的朋友们对我的关心与爱护，你们给予我莫大的精神力量！

感谢我的老公和儿子在本书写作期间给予我精神上的安慰与支持！

最后，我还有感谢生活，感谢生活给了我足够的时间与空间，让我任性地想象与探求！路漫漫其修远兮，吾将上下而求索！

唐亚晖

2005 年 5 月

图书在版编目（CIP）数据

人民币汇率失调的测算及汇率传递效应研究／唐亚晖著. —北京：人民出版社，2015.11
ISBN 978 - 7 - 01 - 015466 - 4

I. ①人… II. ①唐… III. ①人民币汇率—研究 IV. ①F832.63

中国版本图书馆 CIP 数据核字（2015）第 261910 号

人民币汇率失调的测算及汇率传递效应研究
RENMINBI HUILÜ SHITIAO DE CESUAN JI HUILÜ CHUANDI XIAOYING YANJIU
唐亚晖　著

策划编辑：张肖旸

责任编辑：巴能强　张肖旸

封面设计：九　五

出版发行： 人 民 出 版 社

地　　址：北京市东城区隆福寺街 99 号

邮　　编：100706

邮购电话：（010）65250042　65258589

印　　刷：环球印刷（北京）有限公司

经　　销：新华书店

版　　次：2015 年 11 月第 1 版　2015 年 11 月北京第 1 次印刷

开　　本：710 毫米 × 1000 毫米　1/16

印　　张：11.75

字　　数：160 千字

书　　号：ISBN 978 - 7 - 01 - 015466 - 4

定　　价：38.00 元